Legacy Givin

星野 哲

HOSHINO Sato

JN001703

日本法令

はしがき

幸せを感じるのはどんなときでしょう？　おいしいものを食べたときや、欲しかったモノを買えたとき…。いろいろ思い浮かぶでしょう。そのときの場面を想像してみてください。あなたは一人でしょうか？

おいしいものを食べるとき、一緒に食事を楽しむ家族や友人がいれば、「おいしいね！」とか「これってどうやってつくるの？」など会話が弾み、その人たちの幸せそうな様子を見るだけで自分も幸せと感じるのではないでしょうか。自分が欲しかったモノを買うのは確かに嬉しいですが、プレゼントとして買って、贈った相手が喜んでくれると、とても幸せな気持ちになりますよね。

自分一人だけが感じる幸せは、いわば「一人称の幸せ」です。お金や地位、名誉などはそんな幸せかもしれません。一人称の幸せは、「あの人のほうが私より裕福」「なんであの人は私より地位が高いの？」と、どうしても周囲の人たちと比べたり競争したりしてしまいがちです。だから、なかなか満足できず落ち着きません。得たものを失うことが怖いと感じれば、「もっと、もっと」と他者よりも上へ、他者よりも多くと、身も心もすり減らし、逆に不幸の源泉になりかねません。

では、他者に喜んでもらえること、いわば他者と共有できる幸せはどうでしょう？　それこそが自分の幸せだとすれば、家族や友人など幸せを感じてくれる人が周囲に増えれば増えるほど、自分もますます幸せになっていくはずです。他者が存在するかぎり失われることのない幸せですし、比べたり競ったりする必要もありません。

お金の使い方でも同じことがいえると思います。自分のために使うお金は、一人称の幸せです。でも、他者のことを思い、他者のために使うお金は違います。街頭募金に小銭を入れるとき、家で待つ家族のためにお土産を買うとき。お金を他者のために使うことで、その人が喜びを感じてくれれば自分も嬉しい。意識するかしないかは別にして、一見「利他」のようでいて「自利」にもつながっているのです。

他者のためにお金を使うことが、実は自分の人生を輝かせることになります。それが特にはっきりするのが寄付です。といっても、怪しげな宗教や団体に貢ぎましょう、寄付しましょうというのではありません。本書でお伝えしたいのは、人生の最後に残るお金、つまり遺産の使い方としての遺贈寄付のことです。公益法人やＮＰＯ法人、学校、福祉施設、美術館といった、家族以外の第三者に遺産の一部を贈ることです。

「遺贈寄付？　お金持ちのすることでしょ」と引かれてしまうと困りますので、一つだけ強調しておきます。金額の多い少ないはまったく関係ありません。誰でも、いくらでも遺贈寄付はできます！　たとえ1万円でも立派な遺贈寄付です。しかもよく誤解されるのですが、亡くなった後に寄付するのですから、生きている間は当然、自分の生活のため、喜びのためにお金を使えます。寄付のために自分で自由にお金を使えなかったら本末転倒。あくまで死後に残った財産から寄付するのが遺贈寄付です。

一人称の幸せは、自分の死とともに消えてしまいます。でも、他者と共有できる幸せは違います。遺贈寄付はまさにこれなのです。たとえば、高校や大学で勉強したくても経済的な理由で進学できない子どもたちのための教育資金として遺産を使ってほしいと考え、そうした支援活動をしているＮＰＯに託したとしましょう。支援を受けて進学した若者たちは喜びます。遺産を託してくれた人に感謝し、自分も他者のために何かしたいと思ってくれるのではないでしょうか。若者たちがまた他者、世の中のために活動して、さらにその恩恵を受けた人たちが感謝してまた周囲の人たちと幸せを共有していく…。遺贈寄付でお金に託した「思い」が他者を幸せにして、それが延々とつながっていく。そんな可能性を感じるのではないでしょうか。

「ペイ・フォワード　可能の王国」という、日本では2001年に公開された米国映画がありました。主人公は中学1年生の男子。社会科の授業で先生から「自分の手で世界を変えたいと思ったら、何をする？」という課題を出されます。主人公が提案したのは、自分が受けた善意や思いやりをその相手に返すのではなく、別の3人に渡すという「ペイ・フォワード」だったのです。主人公のこの考えと行動が、次々と人々を幸せの輪でつなげていくといった内容でした。先ほどのたとえでお示しした可能性そのものの内容といえるでしょう。「ペイ・フォワード」とは、日本語でいえば「恩送り」のことです。

コロナ禍で、自分が一人では生きられない、多くの人の支えによって生きていることにあらためて気付かされた方が多いと思います。無数の「つながり」のなかで私たちは生きています。まさに「おかげさま」によって暮らしています。そのことに感謝して世の中に恩返ししたい、少しでも他者の幸せに役立ちたいと考え、この世を去るときに自分が「生きた証」としたい。遺贈寄付とはまさにそうしたお金の使い方です。

遺贈寄付をすると決めるだけで、その後の人生は間違いなく輝きます。一人称の幸せではない、他者と共有できる幸せに気付いたからでしょう。それは多くの人たちを取材する中で感じることです。輝いたその光は、多くの人たちの人生を照らします。

遺贈寄付という、人生を輝かせる選択肢がある。そのことを少しでも多くの方に知ってほしいと願っています。

本書は第1章から第3章で、遺贈寄付を支える遺言や相続などの制度・仕組みについて書いています。2020年に始まった法務局による「自筆証書遺言保管制度」や、2021年に成立した「相続土地国庫帰属法」など最近の相続や遺贈をめぐる動きについても触れています。第4章からは実例を交え、遺贈寄付することの意義や可能性を示し、寄付先をどのように選ぶのかを考えます。参考までにいくつかの団体や活動を紹介して遺贈寄付のお金の活かされ方も示します。また、寄付以外にも自分で財団法人や基金をつくる選択肢も紹介します。

初めて遺贈寄付について触れる方は、先に第4章以降をお読みいただき、それから第1章〜第3章を読んでいただいたほうがわかりやすいかもしれません。遺贈寄付の扉を開いた先に、あなたの人生を輝かせるものを見つけていただければ幸いです。

もくじ

第2章 相続財産からの寄付と信託

第3章 税と不動産

第4章 遺贈寄付するということ

第5章 寄付先を選ぶ

第6章　財団・基金をつくる

第1章

遺贈

早速ですが、この本のテーマである「遺贈寄付」ってそもそも何でしょう？　本書を手に取られたのなら、きっとどこかで見聞きしたことがある言葉だと思います。一言でいえば、公益法人やＮＰＯ法人、学校、美術館など、相続人以外の第三者に遺産の一部または全部を寄付することです。

「恩返しのため」「生きた証を残したい」など、自分の「思い」をお金に託し、社会、次世代のために活かす方法です。額の多い少ないは関係ありません。誰にでもできる「人生最後の社会貢献」ともいわれます。寄付された側はもちろんですが、寄付する人にも実はいろいろな「よい」ことがあり、人生を輝かせます。

1　遺贈と遺贈寄付って違うの⁉

まずは「遺贈」についてです。「え、遺贈寄付と遺贈は違うの⁉」といきなり混乱させるようですみませんが、ここだけ我慢してください。

遺贈寄付には大きく分けて３つの方法があるのです。「遺贈」「相続財産からの寄付」「信託の活用」です。後の2つはおいおい紹介します。まずは遺贈寄付の最もオーソドックスな方法である遺贈の説明です。

遺言で財産を贈与

遺贈とは、あらかじめ決めた相手に財産の一部または全部を遺言によって贈与することです。「遺言」がキーワードです。

民法では相続人の範囲が定められています。これを「法定相続人」といいます。ざっくりいえば、配偶者や子、孫、兄弟姉妹など親族関係にある人たちとお考えください。この法定相続人の範囲に縛られることなく、公益法人や地方公共団体などさまざまな法人・団体や友人など、自分が財産をあげたいと思う相手にも、文字通り「遺産を贈る」ことができるのが遺贈なのです。

ここで「相手にも」と書いたのは訳があります。相続人に対しても遺贈することができるからです。少々ややこしくなるので、本書では便宜上、相続人以外の第三者に遺産を贈ることを遺贈としておきます。

遺言を残さずに亡くなった人の財産は通常、法定相続人が引き継ぎます。これが、相続です。言葉遊びのように感じるかもしれませんが、たとえ遺言であっても、法定相続人以外には「相続」させることはできません。それを可能にするのが「遺贈」です。相続はあくまでも対象となる人の範囲が決まっているのに対し、遺贈は幅広いのです。

意思を反映できるのが最大のメリット

遺贈の最大のメリットはもうおわかりでしょう。遺言を使うことで、遺産の行方に自分の意思を強く反映することができるのです。「自分が生前に関わってきたボランティア団体に寄付したい」「お世話になった福祉団体に恩返ししたい」「自分の名前を冠した教育基金をつくって若い世代を育ててほしい」「好きな交響楽団が存続できるように支えたい」などの「思い」を、さまざまな相手に託すことで活かせる。それが遺贈です。

2 包括遺贈と特定遺贈

遺贈には2つの種類があります。包括遺贈と特定遺贈です。遺贈をしようと思った際には、大切なポイントの一つです。

包括遺贈とは、「全財産をAに」「財産の3分の1をBに」というように、財産の内容を個別に特定せずに配分割合を示して遺贈します。それに対し、特定遺贈は「現金500万円をCに」「東京都八王子市××の土地をDに」といったように、財産を具体的に特定して遺贈することをいいます。

包括遺贈の受遺者は慎重に

大した違いはないではないか、と思われるかもしれませんが、とんでもありません。大きな違いがあります。包括遺贈の場合、プラスの財産ばかりでなく、もしもマイナスの財産があればそれもまとめて引き受けることになります（遺贈をお考えの場合、マイナスの財産をお持ちということはあまりないとは思いますが…）。つまり、借金の返済義務や連帯保証債務、損害賠償義務などがあった場合、遺贈を受けた側（「受遺者」といいます）はその支払いもしなければならないのです。特定遺贈の場合、あくまでも指定した財産だけを贈るので、マイナスの財産があっても受遺者が責任を負うことはありません。

受遺者にすれば、債務に気付かずに包括遺贈を受けたはよいとして、後になって多額の返済を債権者から請求されでもしたら目も当てられません。財政規模が小さなＮＰＯ法人などは、組織存亡の危機にもなりかねないのです。

ですから、受ける側からすれば包括遺贈には慎重にならざるをえません。遺贈の受け取りが拒まれる可能性もあります。せっかく思いがあって、社会に還元したいと思った遺産が活かされなくなる恐れがあるのです。ＮＰＯ法人などへ遺贈する場合は、特定遺贈にしたほうが無難だといえるでしょう。

遺贈と相続放棄

いま、「拒まれる」と書きました。相続の場合、「相続放棄」という言葉を耳にしたことがあると思います。同じように、遺贈の場合にも放棄が制度としてあります。これも包括遺贈と特定遺贈では手続きに違いがあります。いま遺贈をお考えの方には「関係ない」と思われるかもしれません。

でも、ある日突然、誰かがあなたに遺贈しないとも限りません。それに、ここまで読まれただけで、「マイナスの財産だけを切り離す方法がありそうだ」と思い始めた方がいるかもしれません。そのことについては、放棄の説明をした後で触れたいと思います。

包括遺贈の放棄は家庭裁判所へ

包括遺贈を放棄する場合、相続財産の放棄と同じように家庭裁判所に申請する必要があります。期限も相続の場合と同じく、自分に遺贈されることを知った日から3か月以内に手続きしなければ、放棄ができなくなる可能性があります。手続きが終わると、放棄したことを証明する書類が裁判所から発行されます。万一、債権者から請求があっても、これによって「自分は無関係」と証明することができます。もちろん、プラスの財産も放棄したことになります。

特定遺贈の場合は、家庭裁判所に申請する必要はありません。遺贈を受ける気持ちがなければ、ほかの相続人や遺言執行者に遺贈を放棄すると意思表示すれば、それで事足ります。通常は内容証明郵便を使うなどして、意思表示の証拠とすることが多いようです。また、いつまでに放棄しなければならないという期限の定めもありません。

とはいえ、ほかの相続人などから遺贈を受ける意思があるかどうかを尋ねられてはっきりしないでいると、認めたと判断されてしまうことがあり、その場合には放棄はできなくなります。常識的に、早めに意思を伝えたほうが無難です。

遺贈で判断に迷ったら

先ほど、「マイナス財産だけを切り離す」と書きました。論理的には、プラスの財産を特定遺贈して、マイナスの財産を相続財産として残し、それを相続放棄すれば万々歳となりそうです。ですが、さすがにこれは信義則に反するため、通りません。詐欺とみなされる恐れもあります。こんな方法がまかり通れば、債権者は泣くに泣けませんよね。

では、マイナスの財産が少しでもあったら遺贈はできないのかというと、それも違います。判断に迷われた場合は、弁護士などの専門家に相談してみてください。

3 遺留分に注意

注意すべき点もあります。たとえば、遺贈にも相続税がかかります。遺贈の場合、受けた相手が支払うべき相続税額が加算されることがあります。とはいえ、法人へ遺贈した財産には原則、相続税はかかりませんから、公益法人やＮＰＯ法人に遺贈する場合は問題ありません（ただし、団体とはいっても町内会やＰＴＡのように法人ではない、つまり「人格」がない団体の場合はその団体が相続税を払う必要があります）。なお、一定の要件を満たす公益目的事業に提供される財産は相続税の課税対象から外れますから、遺贈者の相続人、つまり家族などは遺贈される部分の相続税を心配する必要はありません。税金については第3章であらためてまとめます。

相続人がいる人が遺贈しようとした場合、何より注意しなければいけないのが、相続人の「遺留分」の権利を侵さないようにすることです。

遺留分侵害額が請求される可能性

遺言がない場合、相続人の間で遺産をどう分割するかを話し合う「遺産分割協議」を開きます（相続人同士が協議することにも合意できない場合は、家庭裁判所に審判を仰ぐことになります）。この協議で合意できなかったときの遺産の取り分割合を民法が定めています。「法定相続分」といいます。なお、これはあくまで合意できなかったときの遺産の取り分ですから、必ずこの相続分で遺産の分割をしなければならないというわけではありません。

兄弟姉妹以外の法定相続人は、この法定相続分の2分の1（親や祖父母のみの場合だと3分の1）を最低限受け取る権利があります。これが「遺留分」です。たとえば、配偶者と2人の子どもが法定相続人の場合、財産全体の2分の1、内訳としては配偶者が4分の1および子ども各8分の1がそれぞれの遺留分となります。

遺贈によって、遺留分に足りない額しかもらえない相続人がいた場合、この相続人は「遺留分に足りない分をください」と請求することができます。「遺留分侵害額請求」といいます。遺言の内容よりも遺留分のほうが強い権利だと言い換えてもいいでしょう。ですから、遺贈したつもりの額が、後から相続人の遺留分侵害額請求によって減ってしまう可能性があります。遺贈を受けた側もゴタゴタに巻き込まれれば、いい気分はしないでしょう。だから、最初から遺留分に配慮した遺贈が望ましいのです。

4　遺　言

公正証書遺言と自筆証書遺言

遺贈をするには遺言が必要ですが、当たり前のことながら、遺言が実際に自分の思い通りに実行されたかどうかを自分自身では見ることはできません。「え、遺言さえ残せば実行してもらえるのでは？」と考えたいところですが、必ずしもそうとはいえないのです。

確実に実行してもらうにはどうすればよいのでしょう。そのために、まずは実行されないケースを考えてみましょう。

最初は自筆証書遺言の「弱点」によるものです。

主な遺言の方法には公正証書遺言と自筆証書遺言があります。公正証書遺言は、遺言者が公証役場で公証人に内容を伝えて書いてもらう形で作成します。その際、証人2人以上も立ち会います。

作成したものは公証役場が保管します。遺産額に応じた費用がかかるのですが、プロに確認してもらいながらの作成ですから、形式の不備で無効になることはほぼありません。紛失や改ざんのリスクも低いといえます。

自筆証書遺言の「弱点」

自筆証書遺言は、「誰にどの財産を相続させる・遺贈する」という本文と、日付、氏名を自筆で書いて押印します。それだけですし、手元に置いておけるので、いつでも書き換えられる手軽さがあります。その一方で、形式の不備で無効になるケースや、紛失や改ざんのリスクがあるのです。

たとえば日付の記入や押印を忘れたとか、内容を書き換えたときの修正方法が形式的に正しくないだけでも無効です。形式は正しくても、内容が不正確でトラブルを招くこともあります。

たとえば、相続人の氏名を記しただけでは同姓同名の人との区別ができないとして無効を主張される場合があります。金融資産を預貯金と記してしまうと「では、株式はどうなる?」といった争いが起こる心配があります。

見つからない、破棄・改ざんの恐れも

一番厄介なのが、遺言があったかどうかがそもそもわからなかったり、紛失してしまったりする危険性や、自分に不利になると考えた関係者によって隠匿や破棄、改ざんされてしまう恐れがある点です。公証役場に保管される公正証書遺言と異なり、自筆証書遺言は保管場所が決まっているわけではないですから。つまり、せっかくの遺贈の思いが実行されない危険性があるのです。

テレビドラマなどではよく、誰かが亡くなった直後、リビングに集まった人たちを前に弁護士と称する人が自筆証書遺言を開封する場面があります。それでたいていは、「なんでお前なんかに財産を渡すんだ! 親父は騙されていたに違いない」などと修羅場へと展開するわけですが、あれは法的にはペケです。自筆証書遺言は本来、遺言者の死後に「検認」という作業が必要です。家庭裁判所で内容を確認してもらう手続きです。遺言の保管者または遺言を発見した相続人は、遺言者の死亡を知ったら速やかに遺言を家庭裁判所に

提出します。封印があれば検認前に開封してはいけません。要するに、改ざんなどが起きないようにするための手続きです。

この検認件数は増える傾向にありますが、２０１６年に１万７２０５件と、ほぼ１万７０００件程度です。一方、公正証書遺言は11万４７１件（２０１８年）が作成されました。

検認件数より公正証書遺言のほうが多い

常識的に考えれば、手軽な自筆証書遺言のほうが作成件数は断然、多いはずです。実際、法務省が２０１８年に全国の55歳以上、約８０００人を対象に実施した「我が国における自筆証書による遺言に係る遺言書の作成・保管等に関するニーズ調査」によると、「自筆証書遺言を作成したことがある」人は３・７％で、「公正証書遺言を作成したことがある」の３・１％を上回っていました。しかし、検認件数よりも、手間も費用もかかる公正証書遺言のほうが圧倒的に多いのです。なぜでしょう？

まず考えられるのは、自筆証書遺言そのものが発見されないことです。保管場所が決まっていないわけですから、ありえる事態でしょう。後は知ってか知らずか、本当は民法で「しなければならない」と規定されている検認をしないまま、関係者が遺言を開封して故人の遺志を尊重した遺産分割をして「めでたしめでたし」という事態です。これは、善意に解釈すれば、ですが。

でも、お金が絡むと人間関係は厄介です。残念ですが、隠匿や破棄がかなり発生していると考えざるをえないのではないでしょうか。だから、検認件数は少ない…。

自筆証書遺言にはリスクがあるということが、おわかりいただけたことでしょう。つまり遺贈を確実に実行してもらうための第一歩は「できれば公正証書遺言を使うこと」です。と、ここまで書いておきながらではあるのですが、実は自筆証書遺言の紛失リスクを減らすというかほぼなくなる、画期的ともいえる新制度が２０２０年７月10日にスタートしました。

5　法務局による自筆証書遺言保管制度

私は「遺贈するなら、できれば公正証書遺言を」と主張してきました。基本的な考えは

変わりませんが、「自筆証書遺言も場合によってはＯＫかも」と思わせるのが、この新制度です。法務局による自筆証書遺言保管制度。実は、かなり画期的です。

検認不要に

新制度では、全国３１２の法務局（支局を含む）が「遺言書保管所」に指定されています。ここに遺言者本人が自筆証書遺言を持参して、保管を申請できます。保管された遺言は検認も不要になります。

保管は、国の定める様式で作成された遺言であることが条件です。日付や署名押印がないと無効になってしまいます。逆に言えば、そういった様式に間違いがあれば受理されないということですから、形式上のミスで遺言が無効になるリスクは一定程度、減ると考えられます。

ただし、内容についてのチェックはありません。遺産分割の方法など、書いた内容が有効かどうかまでは保証の限りではありません。ですから、自筆証書遺言のリスクの一つとして、この点は変わりありません。

法務局では、遺言の原本だけでなく、画像データにしたものも保管されます。遺言者が

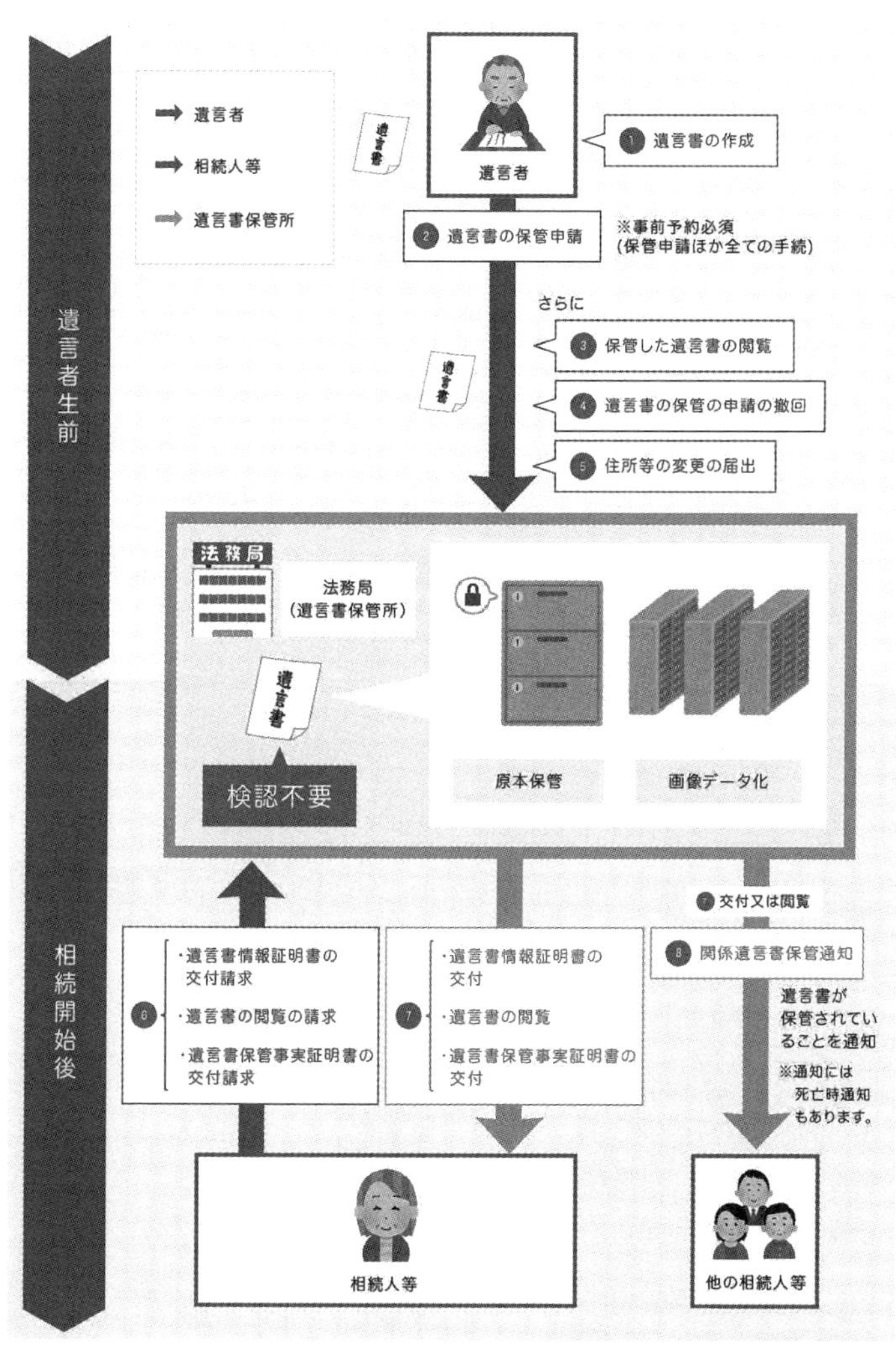

(法務省HP「自筆証書遺言書保管制度」より)

「遺言が法務局にあるよ」と言い残すだけで、紛失の心配はほぼなくなるわけです。画像データの確認と遺言の有無の確認は保管した法務局だけでなく、全国の法務局で申請できます。遺言書があるかないかがわからない場合、「とりあえず法務局に行く」というのが新たな相続の習慣になるかもしれません。

自筆証書遺言はいつでもどこでも書ける手軽さが魅力です。新制度でもこの点は変わりません。新しいものに書き換えるのも自由です。遺言は日付が最新のものが優先されるので、保管後に自宅で新しい遺言を書いたとすれば、そちらが優先されます。とはいえ、トラブルを避けるためにはその都度、法務局に新たに保管してもらったほうが間違いありませんが。

誰かが閲覧すると相続人に通知

何より画期的なのは「通知」です。新制度の根拠となる遺言書保管法には、次のような条文があるのです。「遺言書保管官は、遺言書情報証明書を交付し又は相続人等に遺言書の閲覧をさせたときは、速やかに、当該遺言書を保管している旨を遺言者の相続人、受遺者及び遺言執行者に通知します」（第9条第5項）

つまり、遺言者の死後に相続に関係する誰かが遺言を閲覧するなどした場合、法務局が「遺言を保管していますよ」と相続人など関係者に知らせてくれるのです。閲覧申請時には「法定相続情報一覧図」の写しなど相続人の情報がわかる書類が必要になりますから、それをもとに通知してくれます。関係者の知るところになるわけですから、廃棄や改ざんの危険性は大幅に減ります。公正証書遺言にもこんな便利な通知はありません。

ただ、「相続に関係する誰かが閲覧などした場合」と述べましたが、裏を返せば、もしも誰も閲覧などしなければ、仮に遺言した人が亡くなって相続手続が始まっていたとしても通知はされないということです。これでは、せっかくの遺言が埋もれかねません。

そこで、こうした点を補完する、もう一つの通知制度まであるのです。それが、「死亡時通知制度」です。

希望すれば死亡時にも通知

遺言者の死亡の事実を法務局側が確認した際、あらかじめ遺言者が指定した人に対して「遺言書が保管されていますよ」と通知してくれるのです。２０２１年度から、自治体の窓口に死亡届が出されると、法務局側でそのことを把握する制度の運用が始まりました。

つまり、死亡届を出せば法務局が「指定した人」に通知してくれるのです。この通知は遺言者が希望する場合にのみ適用されますので手続きが必要ですが、遺言書保管の申請時に申し込めばＯＫです。

ちなみに、通知の対象者として指定できるのは１人だけ。遺言者の相続人や遺言書に記した受遺者、遺言執行者などから選ぶのがよいと思います。つまり、まずはその人に遺言書が保管されている事実が伝われば、その他の相続人などにも確実にそのことが伝わると思われるような人がおすすめです。通知したい人が引越しなどした場合には、必ず変更の届け出をすることを忘れないようにしておきましょう。これを怠ると、せっかくの通知も届かなくなってしまいます。

【死亡時の通知の対象者欄】※死亡時の通知を希望する場合は，□にレ印を記入の上，①又は②のいずれかを選択し，指定する通知対象者の氏名，住所等を記入してください。

□ 死亡時の通知を希望するため，本申請書記載の私の氏名，出生年月日，本籍及び筆頭者の氏名の情報を遺言書保管官が戸籍担当部局に提供すること，並びに私の死亡後，私の死亡の事実に関する情報を遺言書保管官が戸籍担当部局から取得することに同意する。

(注)同意がある場合には，遺言書保管官が遺言者の死亡の事実に関する情報を取得し，当該遺言者があらかじめ指定する以下に記載の者に対して，遺言書が保管されている旨の通知を行います。

① 受遺者等又は遺言執行者等を通知対象者に指定する場合

通知対象者に指定する受遺者等又は遺言執行者等の番号　□番

(注)受遺者等又は遺言執行者等を通知対象者に指定する場合は，指定する「受遺者等又は遺言執行者等の番号」を記入してください。

② 推定相続人を通知対象者に指定する場合

遺言者との続柄　□　1：配偶者／2：子／3：父母／4：兄弟姉妹／5：その他（　　　　）

氏名　姓　□□□□□□□□□□□□□□□

名　□□□□□□□□□□□□□□□

住所　〒　□□□－□□□□

都道府県
市区町村
大字丁目　□

番地　□□□□□□□□□□□□□□□

建物名　□□□□□□□□□□□□□□□

(注)申立てによる死亡時の通知の対象者には，受遺者等，遺言執行者等又は推定相続人（相続が開始した場合に相続人となるべき者をいう。）のうち1名のみを指定することができます。

（法務省HP「自筆証書遺言書保管制度」より）

保管申請料は3900円

いずれにせよ、この保管制度によって、遺言を作成する人が増える可能性はかなり高まると考えます。手軽なうえに、国が保管まできちんとしてくれる。遺言を残したくても「公正証書だと費用もかかるし、内容が公証人や立会いの証人に知られるのが嫌だなあ」と思っていた方には朗報なのです。

しかも料金は、保管の申請1件につき3900円、原本の閲覧請求1件につき1700円などとなっています。変更の届け出は無料です。手軽に使える金額です。

法務省が2018年に実施した「我が国における自筆証書による遺言に係る遺言書の作成・保管等に関するニーズ調査」では、自筆証書遺言の約4分の1が数年内に法務局に保管され、いずれ半数は保管されるとみています。

見つからないなどで、これまで活かされることがなかった遺言が実際に使われる可能性が飛躍的に高まると考えられます。この制度が広く知られれば、遺言を作成するハードルはグッと下がるでしょう。リスクが減って、遺志が活かされる可能性が高まるわけですから、遺贈もしやすくなるでしょう。遺贈の普及には力強い追い風になるはずです。

実際に使ってみました

Colmn

まず財産の整理から

よい機会だと考え、私も実際に自筆証書遺言を作成して保管制度を利用してみました。

私は遺言を書くのは初めて。ちょっと緊張しました。実務的なことから取りかかるほうが楽だと考え、預貯金や不動産など、自分の財産整理から始めました。口座番号などをまとめ、不動産は登記簿謄本を引っ張り出して、住所ではない登記簿上の地番を確認するなどして財産の一覧をパソコンで作りました。

遺贈先を決める

一覧を前にしながら、誰に何を相続してもらうのか、遺贈先と額はどうしようと考えました。やはり、いろいろな思いが去来します。多くの人たち、特に家族に世話になったことがあらためて感じられました。遺贈先は「あそこにも、ここにもしたい」とかなり悩みましたが、お金は限られています。活動に社会的意義を感じているうえに、以前から取材して信頼している団体のうちから一つに絞り、たとえ少しでも役立ててもらおうと決めました。

自筆証書遺言でも、財産目録は自筆でなくパソコンでもOKになっていますので、後は遺言を書くだけです。制度のHPや法務局で配布しているパンフレットには、様式に関する注意事項が細かく掲載されています。たとえば、「推定相続人以外の者には『相続させる』ではなく『遺贈する』と記載」とか「紙の余白は左20ミリメートル以上、下は10ミリメートル以上、上と右は5ミリメートル以上」といった具合です。

さも大変そうですが、用紙はHPからPDFでダウンロードでき、それを使えば余白の問題などはクリアできますし、一つひとつの注意に従って書けばさほど難しいことはないと感じました。どう文章を書けばよいかわからない場合は、「いぞう寄付の窓口」(https://izoukifu.jp/tool/)を使うといいでしょう。「あなたに配偶者はいますか」などの質問に一つずつ答えていくと、「文例」が出てきます。参考になると思います。私は、書き損じた場合には思い切って一から書き直しました。修正方法は煩雑な規定があって、ミスにつながると感じたからです。

内容はあくまで自己責任

この制度では、保管申請時に形式に関するチェックがあるものの、法務局は遺言の内容には一切関与しません。ここは要注意です。「保管＝法的に効力がある」とは限らないからです。内容に不備があって、いざというときに役立たないことも考えられます。不安な場合は、弁護士らのアドバイスをもらったほうがよいでしょう。

作成し終えると、なんとなく晴れ晴れとしました。もしもの場合も安心だと思え、むしろ残された人生に思いをはせ、前向きな気持ちになりました。同時に、自分がいなくなったあと、少しでも家族らにとって暮らしやすい世の中であってほしいと願いました。

保管所を選び、通知したい人を考える

さて、作成後には保管所を選びます。自分が住む場所か本籍地、もしくは所有する不動産がある場所を管轄する法務局が対象です。保管所が決まったら申請書を作成。これもＨＰからダウンロードできるほか、法務局の窓口でも配布しています。

申請書は保管所の名称から始まり、自分の住所や氏名、遺言執行者に関する情報のほか、この制度の大きな特徴である「通知」に関する事項を記入します。私は相続人である家族は現状、間違いなく私の死亡を最初に知る立場だと考えていますから通知は意味がないと判断し、遺贈したい団体を通知の対象としました。まあ、遺言を無視されて遺贈が実行されない可能性は極めて低いとは思っていますが、遺贈の意思をきちんと実行してもらうには、通知制度で当該の団体にも相続開始の段階から関わってもらうのが安心だと考えたからです。

次に、法務局に行く日を予約します。専用サイト（https://www.legal-ab.moj.go.jp/houmu.home-t/）なら、空いている日時が一目でわかります。手続きすると「予約番号」と「パスワード」が記載されたメールが届きました。

予約日前日にも確認メールが届く念の入れようです。予約は電話や窓口でも可能です。

申請手続は40分ほど

当日は遺言書、申請書類、住民票などの必要書類をそろえ、東京法務局へ出向きました。まず、窓口で書類がそろっているかをチェックされます。本人確認のため、マスクを外すよう言われて免許証の写真と照合されました。その後、受付カードを渡され、待つこと40分。この間に形式にミスがないかをチェックするそうです。

最後に3900円分の印紙を購入して申請書類に貼った後、保管証を受け取り、手続きが完了しました。保管証は、氏名や保管所の名称、保管番号などが記載された証明書です。家族らにはこの保管証（コピーでも大丈夫）を渡しておけば、「遺言が法務局にある」とわかってもらえます。意外と簡単な手続きでした。

6 遺言が実行されないリスクを避ける

自筆証書遺言にせよ公正証書遺言にせよ、法的に有効な遺言が、相続人や受遺者（遺贈を受ける人）の前に提示されれば、あとは心配なく遺贈が実行されるに違いない――。遺贈の意思を盛り込んだ遺言を作成して、ほっとするかもしれませんが、安心するのは早計です。

たとえば、遺留分を侵害していなくても、相続人が「遺贈を認めたくない」と主張して、もめる場合があります。相続人だけで分割するものと思っていた遺産が、第三者に渡ることを感情的に受け止めきれないのだと思います。感情だけに、うまく説得するのは厄介です。

こういった、遺贈が実行されないいくつかのリスクを回避するための対策を紹介します。

最後のメッセージ、「付言事項」の活用

一つ目は相続人に納得してもらうための努力です。

まず、生きている間に相続人に「自分は遺贈をしたい」という意思を表明して話し合うことです。なぜ、その団体に遺贈したいのか。理由などを話すのです。

とはいえ、これはすべてのケースにあてはまるわけではありません。相続人との関係はさまざまでしょうから、あくまで話し合える関係性があることが前提です。そんな関係性があれば、そもそも死後にトラブルになることはあまりないでしょうが…。

遺言には、相続分の指定など相続に関すること、遺贈も含めた財産の処分に関すること、子どもの認知など身分に関すること、遺言内容を実行する遺言執行者の指定などについて書くことができます。これを「法定遺言事項」といいます。

これに対し、「付言事項」というものもあります。法的な効力はないものの、遺言者のラストメッセージとしての役割があります。家族への感謝の言葉や遺言を書くに至った経緯、墓や身の回りの品の処分に関する指示などを書くことが多いようです。

遺贈をする場合、この団体に、どんな思いで寄付しようと考えたのかをここに記します。人生最後のメッセージを残すわけです。真摯な言葉で気持ちを記せば、相続人にも思いが

伝わるでしょう。遺志を尊重してもらいやすくなり、相続トラブルにもなりにくいといわれます。

遺言執行者を指定する

次の対策は、遺言執行者を指定しておくことです。遺言に従って不動産の売却や債務の清算、遺贈の手続きなどを実際に執行する人です。

たとえば、遺言執行者が相続人から「遺贈などやめろ」と、圧力を受けて揺らいでしまうようだと、トラブルになりかねません。たとえ相続人を説得できない最悪の事態になっても、誠実に遺言内容を執行できる第三者に託したいところです。友人でもいいのですが、弁護士といった専門家や信託銀行なども考えられます。

弁護士や司法書士、友人など個人を信頼して遺言執行者になってもらう場合、自分よりも先に亡くなるリスクもあります。対策として、遺言執行者を法人としての法律事務所にしておくとか、遺言執行者が先に死亡する場合に備え、新たな遺言執行者を指定しておくことも考えておきましょう。

さらに、託すことを具体的に指示しておけば、遺言執行者は動きやすくなります。たとえば「○条記載の不動産の所有権移転登記手続をする権限、そのほか遺言執行のための一切の権限を付与する」といった形です。ただ、自力で自筆証書遺言を書くとなると、少々、ハードルが高いかもしれませんから、公正証書遺言を使ったり、専門家のアドバイスを求めたりしたほうが安全でしょう。

遺贈先団体がなくなってしまうと

最後に、レアケースですが、遺贈しようと思っていたＮＰＯ法人などの団体が、遺言者が知らないままで解散するなど、団体としての実体がなくなった場合を考えておきましょう。

何も指示していないと、宙に浮いた遺贈分は相続人で分割協議することになります。「どうしても特定の団体でなければ遺贈しない」という考えなら別ですが、何らかの形で社会に還元したいという思いがあるからこその遺贈だと思います。まずは「信頼できる団体」を選んでおくことが大事ですが、万一に備える方法を解説しましょう。

参考になるのが、環境保護に取り組む弁護士の団体「ＪＥＬＦ（日本環境法律家連盟）」が実施している「みどりの遺言プロジェクト」です。詳細は第５章であらためて紹介しますが、ＪＥＬＦは信頼できると判断した環境保護団体をリストアップしています。環境保護に遺贈したいと考える人には、その中から団体を選んでもらったうえで、遺言作成・執行まで手伝う活動に取り組んでいます。

とはいえ、いくらしっかりした団体を選んでいても、解散などのリスクはゼロではありません。このため、ＪＥＬＦでは万一に備えて「遺言執行者が新たな遺贈先を選ぶ」という文言を加えています。

「だからこそじっくりと話を聴き、遺贈者がなぜ、何をどう遺したいのかをきちんと理解する必要があるのです」と、ＪＥＬＦ代表の池田直樹弁護士は話します。

つまり、遺贈先団体の消滅という万一の事態に備えるには、「別の団体への遺贈を予備的遺言で指定する」「遺言執行者や特定の家族の判断に遺贈先をゆだねる」といった指示を加えておけば安心でしょう。もちろん、家族らに委ねるためには、やはり生前に話し合って、どうして遺贈したいと考えているのかなどを理解してもらうことが大切です。

以上のような工夫で、遺贈が実行されないリスクはかなり減らすことができると思います。

7 死因贈与

遺贈に似た行為に「死因贈与」がありますので、この章の最後に簡単に触れておきます。贈与とはいうまでもありませんが、財産を贈ることです。死因贈与は、贈与する人が亡くなったことで効力を発揮する贈与です。たとえば「私が死んだら、あなたに1000万円を贈与する」といったものです。「あなた」の部分を公益法人などに置き換えると遺贈にそっくりですよね。

法律的にいえば、死因贈与とは相手との間に結ぶ契約行為になります。贈与する人と受け取る側、両者が合意して始めて成立するのです。合意は必ずしも書面である必要はなく、口頭で約束しても契約は成立するとされていますが、口頭だけでは「言った、言わない」などの齟齬が生じる恐れや、当事者以外に契約を知り、証明する人がいなければトラブルのもとになります。ですから通常は書面で契約書を取り交わします。

したがって、当然ながら、死因贈与は贈与する財産を生前、明確に相手に伝えなければ始まりません。一方、遺言はその内容を相続や受遺者に知らせる必要はありません。ですから、遺贈は相手の同意など必要なく、自分がしたいと思えばできるわけです。この点が大きな違いです。

たとえば、「私が死んだら飼い犬の世話をすることを条件に、あなたに1000万円を贈与する」とか「死後に1000万円贈与する代わりに、私が生きている間は介護すること」など条件を履行することを贈与の前提とした「負担付死因贈与契約」になると、その違いがはっきりすると思います。

とはいえ、贈与者の死亡で効力を発揮すること、無償で（負担付の場合、負担の実行に費用がかかることがあるかもしれませんが）財産を承継する点は遺贈と非常に似ていますから、民法では死因贈与は遺贈に関する規定を準用するとされています。また、相続税法でも、死因贈与は遺贈に含め、相続税の課税対象にしています。

死因贈与と遺贈のどちらを使うかは、ご自身の考え方や相手との関係にもよりますから、どちらがいいとも悪いともいえないことは言うまでもありません。死因贈与は契約行為ですので、いずれにしても弁護士ら法律の専門家のアドバイスを受けたうえで考えたほうがいいでしょう。

第2章

相続財産からの寄付と信託

この章では、本人の遺言による遺贈以外の遺贈寄付の形、つまり相続財産から相続人が寄付する方法と、信託を活用する方法について紹介します。

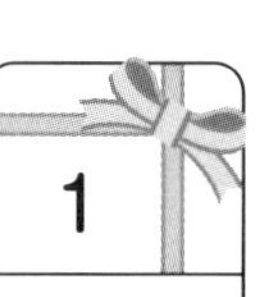

1 相続財産寄付

遺贈寄付は本人だけではなく、家族がすることもできます。相続した財産の中からNPO法人などに寄付するのです。在りし日を思い浮かべ、親やパートナーの遺したお金を社会貢献に活かします。

これまで話題にしてきた遺贈は、故人の財産がNPOなどに直接贈られます。これに対し、相続財産からの寄付は一度、家族ら相続人を経由して贈られる点が大きな違いです（厳密には、遺贈を受けた故人の友人といった受遺者が、遺贈された財産から寄付する場合もありますが、ここでは「相続人」としておきます）。

相続財産寄付の形は2つ

相続財産寄付は２つに分けられます。一つは、本人が生きている間に家族らに口頭で「寄付してほしい」と頼む、もしくはエンディングノートや手紙といった法的拘束力のない手段で寄付の希望を伝える方法です。もう一つは、そうした明らかな「お願い」はなくても、相続人が故人を思い、自発的に寄付する場合です。

遺贈に比べて実際に寄付されるかどうかは、あいまいなことは明らかでしょう。するもしないも、どこにいくら寄付するのかも、最終的には相続人にゆだねるからです。「信頼」にゆだねると言い換えてもいいかもしれません。生前の関係性が――特に２つめの「自発的」な方法の場合には――問われるわけです。家族関係が良好で「争族」のようにもめる心配がないことが前提になりそうです。

わずかでも癒やしに

そのうえで、「家族を信じているから、遺言で『縛る』より、気持ちよく判断・実行してもらいたい」「寄付はしたいけど、遺言作成が面倒。寄付先も金額も家族に任せたい」

といった場合には適しているといえるでしょう。

思い出話でもしてもらいながら、「お母さんは子どもの貧困に心を痛めていたから、貧困家庭を支援する団体に寄付しよう」「お父さんは絵画鑑賞が趣味だったから美術館に寄付しましょうよ」など、寄付先や寄付額を仲良く決めてもらえたら、きっとうれしいですよね。家族の側も「よい供養になった」「生きた証を残せた」と、悲しみの中に、たとえわずかとはいえ癒しがえられるのではないでしょうか。

私が取材した中には、治療方法のない難病で亡くなった夫の相続財産から、ｉＰＳ細胞研究のために寄付した妻がいました。遺言があったわけではありません。「夫が長年、働いて得たお金を、自分のために使うのは違うと思ったのです」と、難病がいつかは治療できるようになることを願い、未来に希望を託したのです。

もしもご自身が、死後に相続財産を寄付してもらうことを望んでいるのでしたら、家族の指針となるように「どのような分野・団体に」「いくらぐらい」「どうして寄付したいのか」といったことを、たとえ漠然とでもエンディングノートなどに書いておいたほうが親切でしょう。

税制では気を付ける点も

あと、大切なことがあります。相続財産寄付の税制は遺贈とは異なります。この点は本人も相続人も、ぜひ注意してください。

遺贈の場合、法人へ遺贈した額は原則として相続税を計算する際の対象外になりました。基礎控除と同じように課税対象にならないのです。遺言の効力が生じたときから、遺贈分は受遺者の法人に帰属したものとみなされるからです。

「法人」は公益法人ばかりでなく、ＮＰＯ法人や一般社団法人なども対象です。ただし、いくら法人だといっても、親族が経営する法人や幽霊法人といった、「税逃れ」とみなされる場合はもちろん課税対象です。

一方、相続財産寄付の場合、まず相続人が相続してから、つまり一度は相続人に財産が帰属してから寄付するので、原則としてその財産には相続税がかかります。ただし、この分も非課税になる場合があります。寄付先が国や自治体のほか、公益法人や認定ＮＰＯ法人など税制優遇を受けることができる法人に対しての寄付で、しかも相続税の申告期限（被相続人が死亡したことを知った日の翌日から10か月以内）までに寄付し、手続きすれば相続税の対象にはなりません。遺贈の場合と異なり、一般のＮＰＯ法人や一般社団法人への

〈遺　贈〉

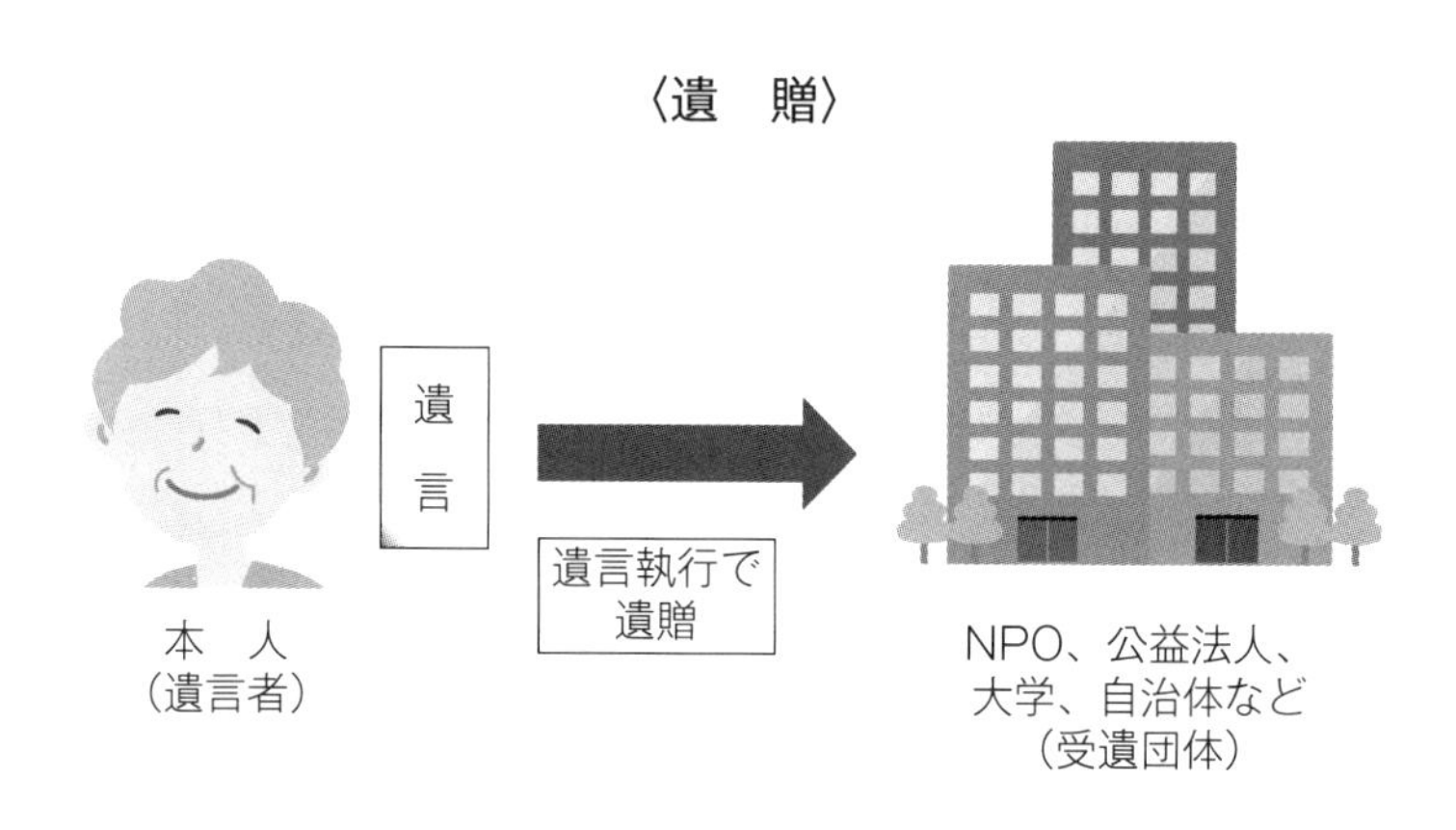

〈相続財産からの寄付〉

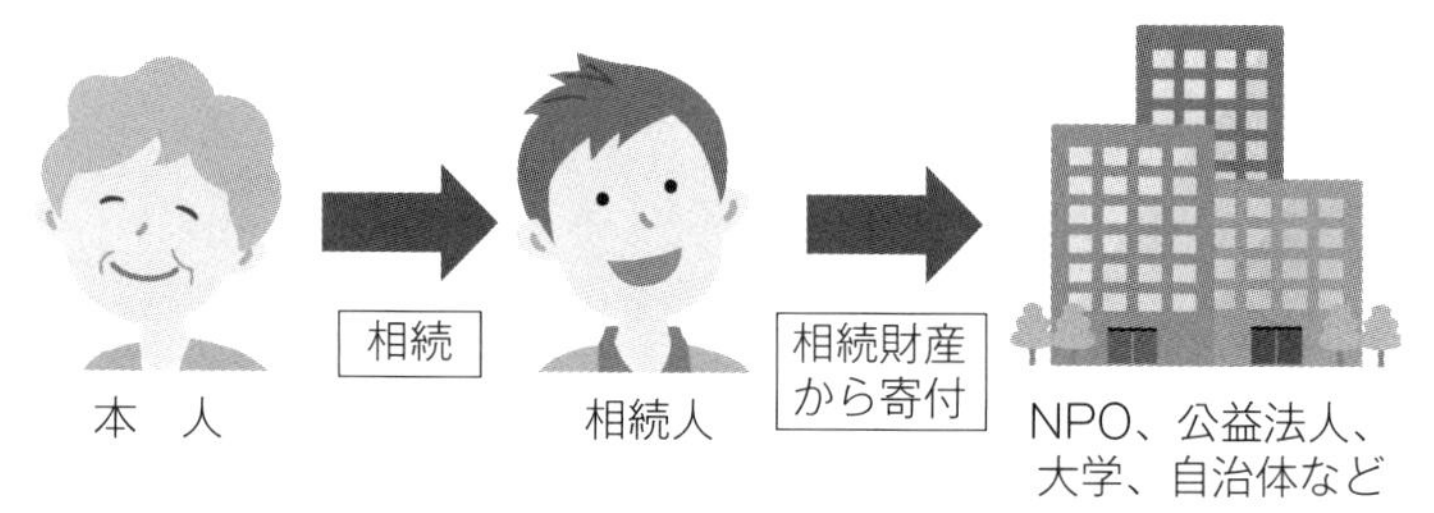

寄付では非課税になりませんから注意してください。

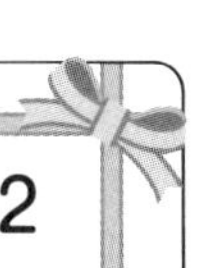

2 信託を使う

遺贈寄付のもう一つの方法が「信託」です。なんとなく「お金持ちのためのもの」といった印象もあり、なじみがない方にとっては、ちょっと取っ付きにくいと感じるかもしれませんが、最近では、比較的少額でも利用できる商品も増えています。なにより、確実に遺贈寄付を実現するには、信託はとても頼りになる存在です。信託を活用した新しい遺贈寄付の仕組みも生み出され、「進化」もしています。

そもそも信託ってナニ？

まずは「そもそも信託ってどんなもの？」という問いから説明を始めていきましょう。

信託を一言で説明すれば、「信頼できる他者に自分の財産を託して管理・運用してもらう。

そこから生じる利益や財産を、自分が受け取ってほしいと思う人に渡してもらう仕組み」のことです。信託にはいろいろな商品がありますが、基本はこれだけです。

この場合、「自分」を「委託者」といいます。「他者」は「受託者」、「受け取ってほしいと思う人」を「受益者」と呼びます。

本書では便宜上、信託を「本来の信託」として、似たネーミングの「遺言信託」との違いを説明しておきます。ちょっとややこしいですが、実はさらに「遺言代用信託」というのもあります。こちらは本来の信託の商品の一つですので整理しておきましょう。

わかりやすくするため、今回の説明では、受託者を信託銀行としましょう。

遺言信託は頼りになる

遺言信託とは、公正証書遺言で遺言執行者を信託銀行にしておくことです。その遺言を信託銀行が預かって、最終的に執行します。信託銀行が、生前は遺言保管者として、死後は執行者として役割を果たすわけです。信託銀行への財産の移転を伴わない点が、本来の信託との大きな違いです。

一般社団法人信託協会のまとめでは、遺言信託による遺言書の保管件数は2020年9

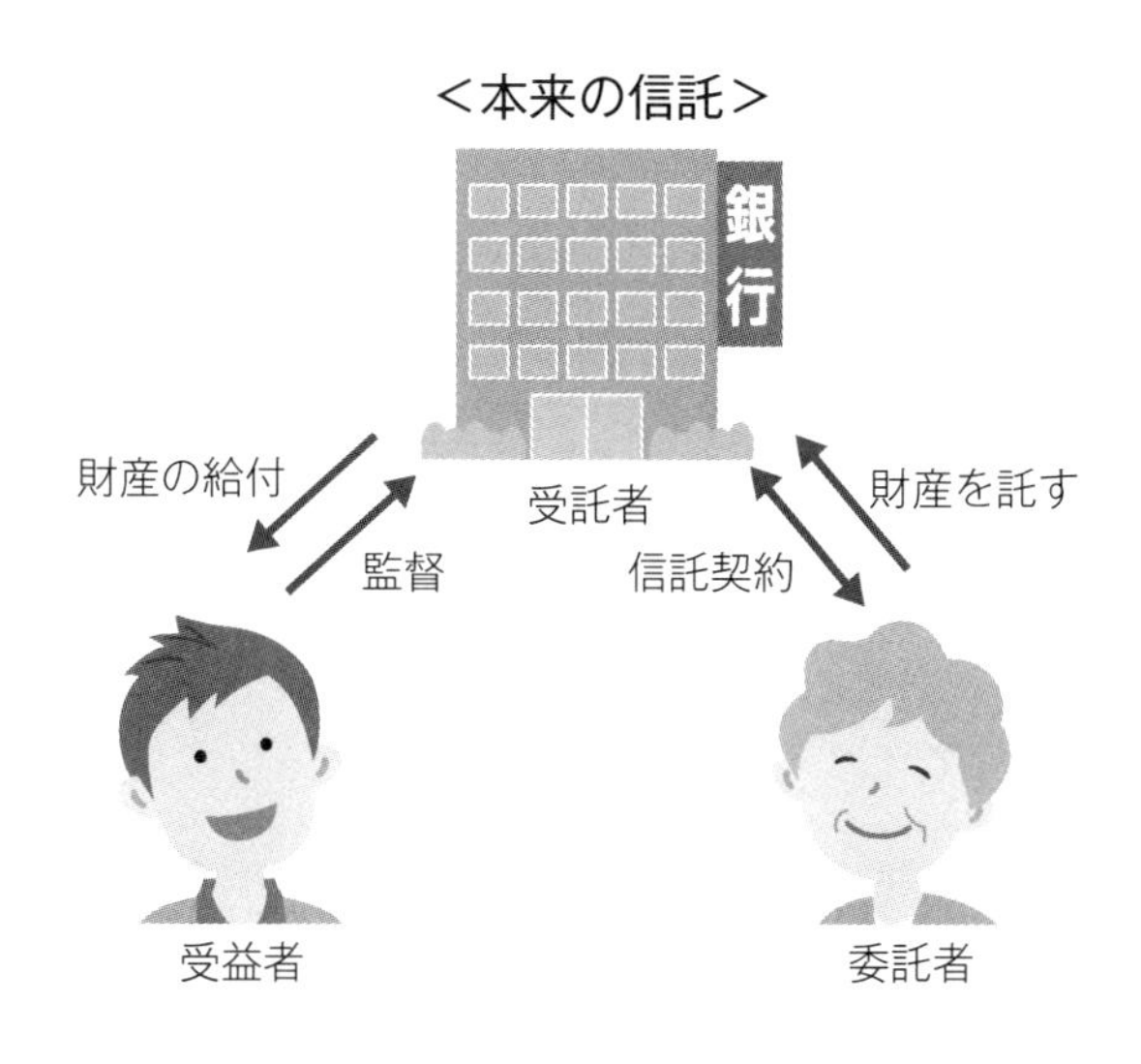
＜本来の信託＞
銀行
財産の給付
受託者
財産を託す
監督
信託契約
受益者
委託者

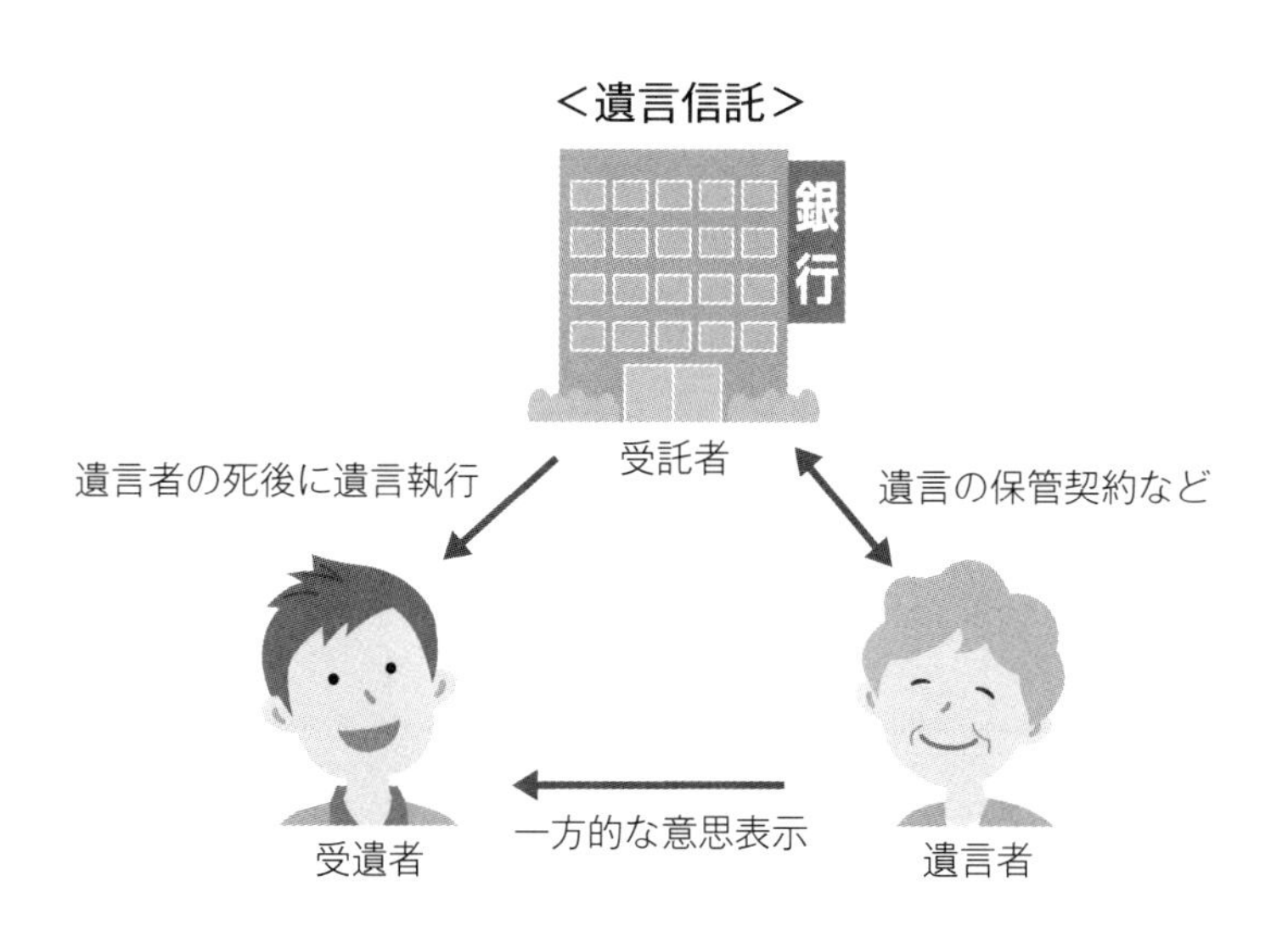
＜遺言信託＞
銀行
受託者
遺言者の死後に遺言執行
遺言の保管契約など
一方的な意思表示
受遺者
遺言者

月末現在、約15万件。10年間で倍以上に増えています。もしも遺言信託で遺贈寄付をしたいと思えば、遺言執行者が信託銀行になるだけで、基本は遺贈と同じです。遺言を確実に実行してもらうには、遺言執行者が大切だと以前にご紹介しました。信託銀行はとても頼りになる遺言執行者ですから、選択肢の一つになるでしょう。

ただし、お金がかかります。遺言を預かってもらう時点での手数料のほか、年間の保管料、遺言執行時には財産額に応じた手数料が必要です。手数料のざっくりとした目安は、財産額の2％程度です（信託銀行によって違いがあるので詳細は各行に問い合わせてみてください）。

「本来の信託」にも便利な点

話を、「本来の信託」に戻します。

「遺言信託で遺贈寄付できるのなら、それでいいじゃない」と思われるかもしれません。でも、本来の信託は、遺言にはない便利な使い方ができるのです。

たとえば、知的障がいがあって財産管理能力がない子どもを、自分の死後も生活に困らないようにしたい場合を考えてみましょう。自分の死後、毎月一定額を子どもに渡してほしい場合、遺言では財産を誰にどう配分するかの指定はできても、財産の渡し方までは指定できません。誰かに「お願い」することはできますが、確実に渡してくれるかどうかは定かではないですよね。信託なら、それが確実にできるのです。

さらに、その子どもも亡くなった後に信託財産が残った場合、その財産の使いみちも指示できます。たとえば、子どもがお世話になった施設に残りの財産を遺贈寄付する、といったことができるのです。こうした信託ならではの特徴を活かした、遺贈寄付に関する代表的な商品がありますので次に紹介します。

3 遺贈寄付に関わる信託商品の枠組み

信託を活かした遺贈寄付に関係する商品の枠組みは主に４つあります（個別の商品名は各行によって違いますから、商品名はもっとたくさんあります。基本的な商品の枠組みだとご理解ください）。

まずは、名称だけ紹介していた「遺言代用信託」からです。

遺言代用信託

仕組みはこうです。まず、委託者が生きている間は自分を受益者とし、受託者（今回は、信託銀行としておきましょう）から定額を支払ってもらいます。子どもや配偶者らを「第2受益者」に指定しておけば、死亡後に信託銀行がまとめてお金を渡したり、一定額のお金を定期的に支払ったりする形にできます。

一般社団法人信託協会のまとめでは、2020年9月末までの遺言代用信託の受託件数は累計で約18万5000件。集計を始めた2009年度は、わずか13件でしたから、急速に取扱いが増えていることがわかります。その理由は、使い勝手がよいからです。

遺贈寄付の観点でいえば、第2受益者としてNPO法人などを指定すれば、遺言書を作成しなくてもお金を贈ることができます。ただ、第2受益者を法定相続人などに限定している場合もあり、すべての信託銀行が対応しているわけではありません。しかし、後で紹介するように、自治体への遺贈寄付に遺言代用信託を活用した仕組みがつくられるなど、さまざまな個別商品をつくりやすい仕組みだけに、今後の活用の広がりが期待されています。

1つだけ紹介すれば、三井住友信託銀行は2021年4月から遺言代用寄付信託「未来

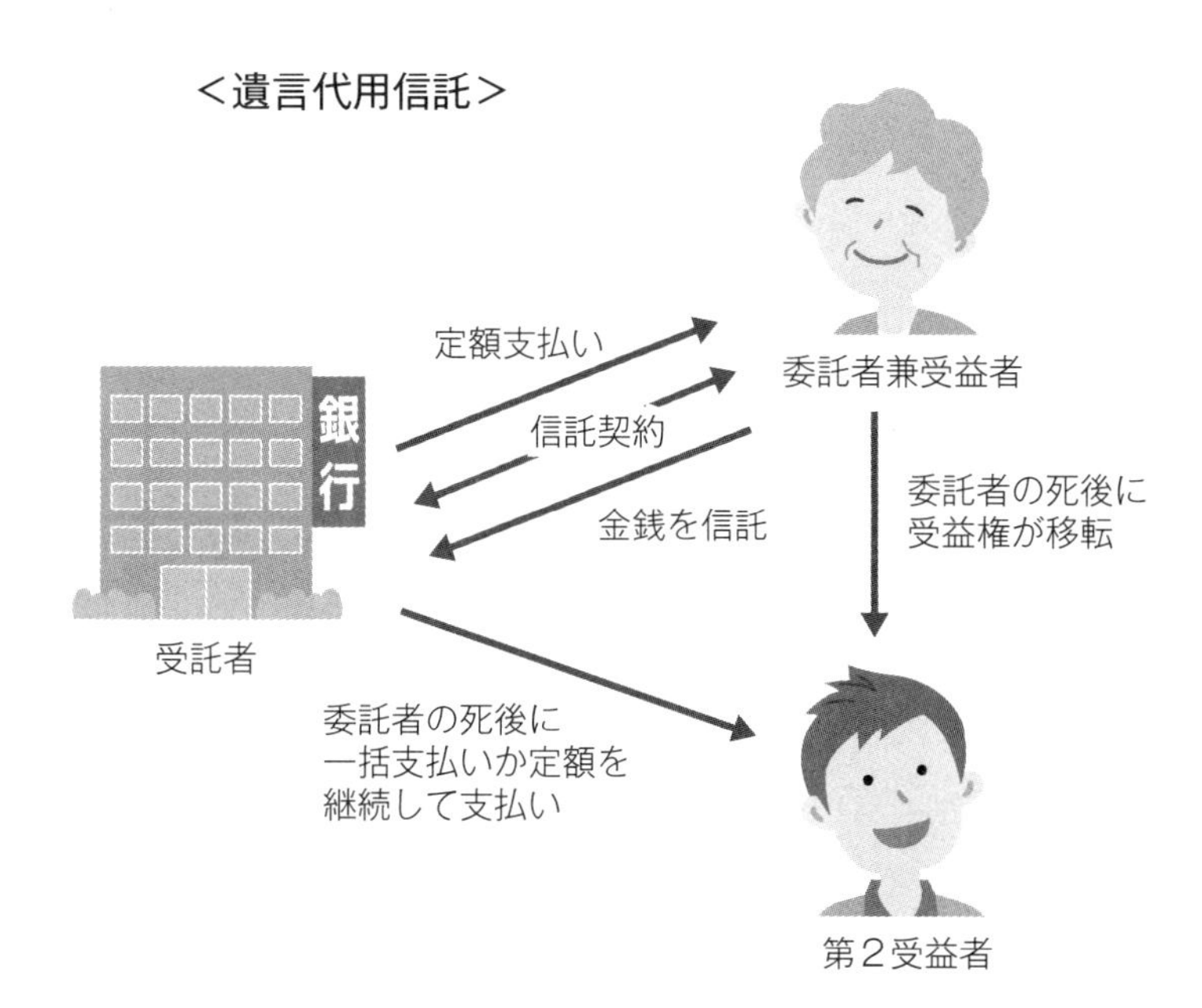

への寄付」という商品の取扱いを始めました。銀行にお金を預ける際、寄付したい先をあらかじめ指定します。相続が発生した際、銀行が指定寄付先に一括で寄付します。運用益から手数料が引かれますが、元本保証のため希望額をそのまま寄付できます。存命中は指定した寄付先から1年に1度、活動報告が送られてきます。遺言不要で使い勝手がよさそうです。

ただし、寄付先は銀行が指定した中から選択しますので、その中に希望する団体があるかどうかがポイントになりそうです。三井住友信託銀行の場合、北海道大学や大阪大学など大学を対象にしているのが特色です。なお、同行は生前の寄付をサポートする商品にも力を入れています。医療支援寄付信託や社会貢献寄付信託など、幅広い寄付先を選ぶことができます。手軽で安心な寄付の仕組みとして信託が活用されるようになればいいと思います。

注目の生命保険信託とは

いま注目されている信託が、生命保険を活用した「生命保険信託」です。死亡時の生命保険金の受取人を誰にしていますか？　結婚していれば配偶者や子どもという方が多いでしょう。ですが、結婚しない人が増え、少子化も進んでいます。今後は、受取人の配偶者や親が先に亡くなり、ほかに受取人に指定する家族がいないケースが増えていくと考えられます。

そんなとき、保険を解約するのではなく、公益法人などを受取人にできれば、遺贈寄付という選択肢が生まれます。しかし、受取人を3親等以内の親族に限るなど、法人を受取人にできない生命保険会社がほとんどです。

それでも、生命保険信託の提携先の信託銀行なら受取人に指定できるという生命保険会社も出てきました。そこで、保険契約者は信託銀行と信託契約を結び、受取人を信託銀行

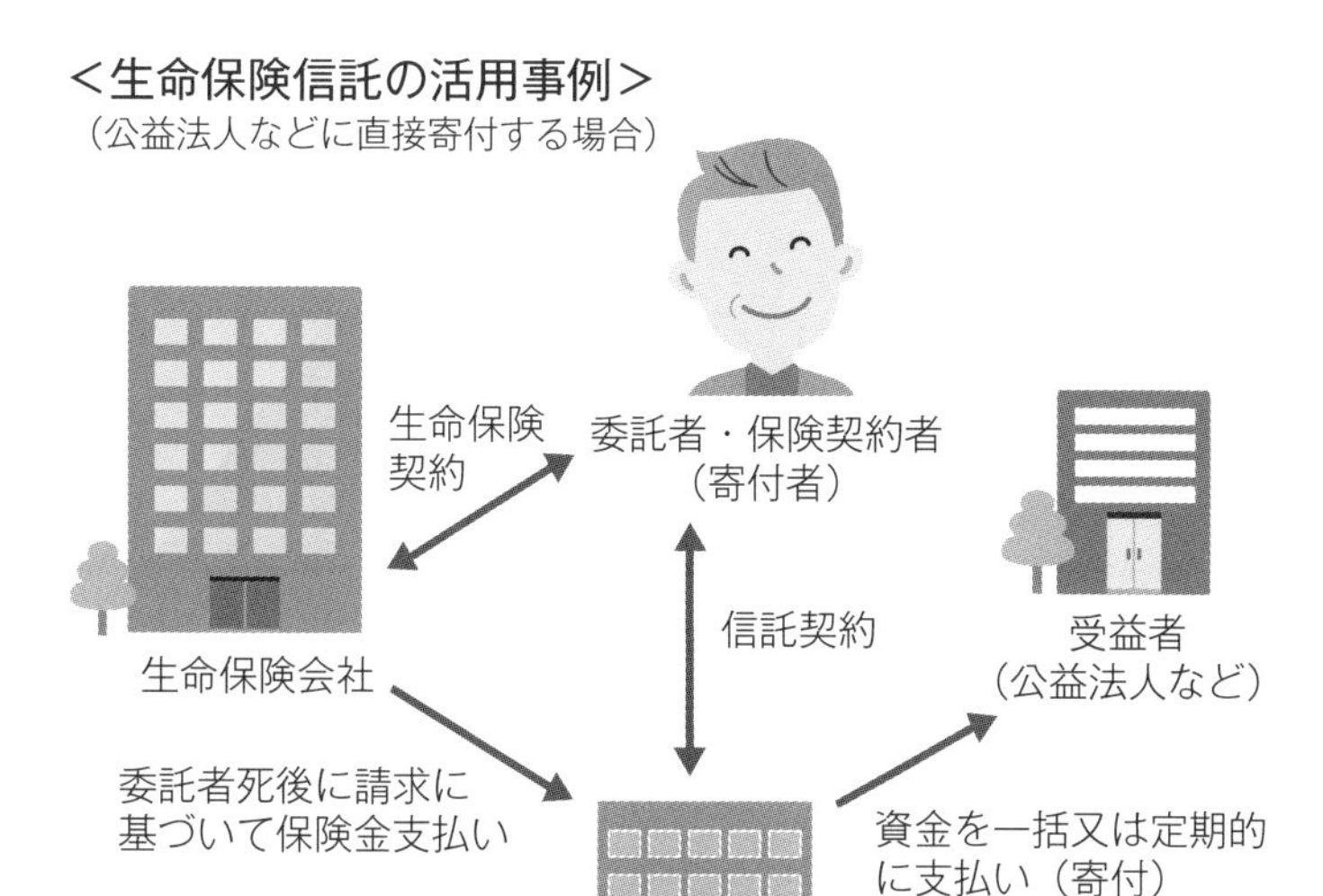

にすることで、保険金を公益法人などに贈ってもらう仕組みが可能になっているのです。

さらに2019年9月には、三井住友海上プライマリー生命保険が「社会貢献特約」という仕組みを導入し、注目されています。同社が指定する公益団体を、直接、受取人にすることができるのです。2020年度末時点では日本赤十字社と日本ユニセフ協会、公益財団法人京都大学iPS細胞研究財団が対象団体です。こうした仕組みが広がれば、生命保険での遺贈寄付は格段にしやすくなると期待されます。

寄付のための「特定寄附信託」

次に、「特定寄附信託」です。まさに寄付のための信託です。

委託者は現金を信託銀行に信託します。同時に、委託者は信託銀行が契約した公益法人や認定NPO法人など（銀行によって対象は異なります）の中から、自分が気に入った団体を選びます。

信託した財産からその団体に毎年（5年から最長10年までの期間）、寄付されるのが特定寄附信託です。信託期間の途中で委託者が死亡した場合、残った財産は団体に寄付されます。

オーダーメイドの公益信託とは

最後に紹介するのは「公益信託」です。

自分で公益財団などをつくり、社会活動をしている団体を応援するために助成金を贈りたい。でも、運営のためのノウハウや人手がない――。そんな場合に活用できるのが公益信託です。

特定の団体ではなく、福祉や環境、教育など貢献したい分野を決め、信託銀行に財産を託します。信託銀行は定められた目的に従って、その財産を管理・運用し、助成先を選定して、お金を渡してくれます。委託者は、自分の名前を基金の冠にして、名前を残すこともできます。

手間なくオーダーメイドの基金がつくれるわけですから、いいことずくめ。とはいえ、現状では事実上、億単位のお金が必要など、ハードルが高いのも事実です。将来、使い勝手がよくなれば、公益信託を設定する動きは広がるに違いありません。

第3章

税と不動産

遺贈寄付をする場合、税金はどうなるのでしょう。これまでに文中で触れた点もありますが、まとめてみます。遺贈と相続財産からの寄付とでは違いがあることに加え、寄付する財産が不動産だとちょっと面倒な点があります。そういったツボを押さえておきましょう。遺された人にも、受遺団体に対しても、そうすることで避けられるトラブルもあるはずです。

1 相続税

遺贈寄付に関係する税金といえば、まずは相続税です。一定額以上の財産を相続した場合にかかる税金です。

相続税はお金持ちの問題じゃない

「相続税なんてお金持ちが払うものでしょ？　家ぐらいしか財産がないから関係ないよ」

というのは昔の話。２０１５年に相続税の基礎控除が見直され、相続税を払う人が増えています。以前は「５０００万円＋法定相続人の数×１０００万円」が基礎控除でした。これが「３０００万円＋法定相続人の数×６００万円」となったのです。

仮に妻と子ども2人が相続すると、以前なら基礎控除は８０００万円でしたが、現在は４８００万円。ざっくりいえば、相続財産がこの額以上ならば相続税を払う対象となったのです。実際には葬儀費用が控除されたり、相続財産に生命保険や退職金が含まれると一部が控除の対象になったりします。また、相続開始前3年以内に生前贈与された財産も相続財産に含まれます。ここでは、わかりやすく伝えるため、単純な形にしています。

ご参考までに、国税庁によると２０１9年中に亡くなった人（被相続人数）は約１３８万人で、このうち相続税の課税対象となったのは約11万５０００人、全体の8・３％です。この年の相続税額は合計１兆９７９５億円で、被相続人１人あたりでは１７１４万円でした。

遺贈した分は控除の対象に

さて、遺贈寄付の税金について話を進めます。第2章でも少し説明していますので、おさらいのつもりで。

さきほど説明した基礎控除と同じように、実は遺贈寄付した分が相続税の控除対象として扱われる場合があるのです。遺言による遺贈と相続財産からの寄付で違いがあるので、順番に説明します。

まず、遺贈の場合は「第三者」の法人が対象なら原則、全額が基礎控除と同じように、相続税の対象からは外されます。この場合、法人であればＮＰＯ法人でも公益法人でも、一般社団法人や大学、自治体でもＯＫです。ただし、法人であっても「税逃れ」とみなされれば、基礎控除と同じ扱いは受けられません。親族が運営する法人に遺贈して親族が過大な報酬を得たり、適正な運営がなされていない名義だけの「幽霊団体」に寄付したりする場合です。これは当然ですね。

次に、相続財産からの寄付の場合、遺贈のように幅広い法人が控除の対象となるわけではありません。認定ＮＰＯ法人や特定公益増進法人といった税制優遇団体へ相続税の申告期限までに寄付をした場合に限り、控除されます。一般のＮＰＯ法人や一般社団法人では対象にならないのです。ここは大きな違いですから、十分ご注意ください。

相続税とは別に、１月１日から被相続人が亡くなった日までの所得を申告する「準確定申告」という制度があります。この所得に対する課税も、税制優遇団体に遺贈していれば、寄附金控除（総所得金額の40％を上限に、寄付した金額から２０００円を引いた額が所得控除される）の対象となります。相続財産から税制優遇団体に寄付をした場合は、相続人が所得税控除を受けられるだけでなく、場合によっては住民税の寄付金控除も利用して税額を減らすことができます。

2　みなし譲渡課税

不動産や株式を遺贈したい場合、知っておかなければいけない税金の制度があります。無償で遺贈して譲渡所得がなくても、事実上あったとみなされる「みなし譲渡課税」です。思わぬ落とし穴になるかもしれない、この課税についてまとめました。

不動産を遺贈すると

まず、不動産を通常の取引で売る場合から考えてみましょう。その不動産を取得した額よりも販売価格が高ければ、譲渡益が発生します。単純化すれば、この利益に対し所得税が課税されます。この税金を払うのは、当然、利益を得た売り手です。

次に遺贈の場合です。「お世話になった地域への恩返しに、地域で活動する認定NPO法人に不動産を遺贈する」場合を考えてみます。不動産の特定遺贈にあたりますね。遺贈者には子ども（相続人）がいるとしましょう。不動産の取得費用が2000万円だったのに対し、遺贈時の時価が1億円に値上がりしていたとします。不動産を直接寄付するので売買は発生していませんが、譲渡をしたと「みなし」、差額の8000万円に対して課税されるのが「みなし譲渡課税」です。厳密には居住用財産には控除などがあり、課税対象額はもっと低くなりますが、ここでは単純化しています。

税金を誰が払う？

さて、ここで一つ考えてみてください。この税金は誰が払うのでしょう？　遺贈を受ける認定NPO法人でしょうか。違うのです。実は、遺贈者の子どもです。「え？」と思うかもしれません。だって、不動産は一度も子どもの所有物であったことはないのですから。所有したことのない不動産に対して税金が生じるとしたら、大きな負担ですよね。

親の遺贈の気持ちは理解して尊重したいと思っても、この支払いには納得できないと感じた場合には、遺贈そのものがこじれてしまう可能性だってあります。先祖代々の土地などで取得価格がわからない場合だと、取得価格は時価の5％として計算され、実に時価の95％が所得として扱われて課税されますから、ますます話がややこしくなりそうです。

なお、特定遺贈ではなく包括遺贈の場合なら、原則として遺贈を受ける認定NPO法人が税も負担することになります。ただし、負債なども引き継ぐので、受け手にはリスクが生じる可能性があることはすでに指摘したところです。

遺贈に限らず課される

参考までですが、みなし譲渡課税は遺贈の場合だけでなく、生きているうちに不動産や株式を寄付した場合にも適用され、寄付者に税金が課されます。そのことで寄付者には困ったことが起きる場合もあるのです。売買をしていないので実際の所得が増えたわけではないにもかかわらず、見かけ上の所得が増えてしまいます。その結果、所得金額や市町村民税所得割を基準とするさまざまな公的保険料のアップのほか、保育・幼稚園料や医療費自己負担割合の増加など、自己負担が増えてしまう可能性があるのです。寄付や遺贈の広がりを目指す市民団体などが、こうした不都合を解消するため、みなし譲渡課税制度の改善を国に求めています。

承認特例で改善も

徐々にではありますが、改善は進んではいます。国税庁長官による個別の承認を受ければ、みなし譲渡課税が非課税になる特例（租税特別措置法第40条）があります。「一般特例」と「承認特例」の2つがあります。公益法人などに寄付する場合、一定の要件を満たせば非課税になるのですが、要件は、かなり厳しいです。たとえば、不動産の場合だと団体本来の事業に直接使う場合に使途が限定され、換金や賃貸はできません。申請には膨大な書類が必要で、一般特例だと審査に2～3年かかります。しかも申請するのは受け手ではなく、寄付する側です。

公益法人のうち公益社団法人や社会福祉法人など一部については、申請書類提出後1か月（寄付財産が株式などの場合は3か月）以内に国税庁長官による承認・不承認の判断がない場合、自動的に承認とみなす「承認特例」の要件が2018年度に緩和されました。さらに2020年度、認定NPO法人も承認特例の対象に含まれることになりました。まだまだ改善すべき点が多い制度ですが、少しずつ前進しています。

3 それでも不動産を遺贈したければ

相続財産の中で大きな部分を占めているのは、土地や家屋など不動産です。空き家問題に象徴されるように、不動産を相続・管理する後継者がいないなど、これからは不動産を遺贈寄付したいというケースは増えていくと考えられます。前項でみた「みなし譲渡課税」のように、不動産ならではの難しさもありますが、どうすればスムーズに遺贈寄付できるでしょう。

実は、不動産をそのまま遺贈寄付として受けている団体は多くはありません。理由はいくつかあります。

まず、現金と比べて名義変更の手続きなどで手間がかかります。みなし譲渡課税もあります。また、寄付してもらった不動産を団体がそのまま利用できるケースは少ないでしょう。となれば売却する必要がありますが、そもそも売れるかどうかわからなければ、団体にとって「負動産」になるかもしれません。

建物だと管理が大変ですし、火災のリスクや近隣とのトラブルもあるかもしれません。自宅だった建物の場合、残された家財をどうするかということも考えなければなりません。要するに、不動産はいろいろ面倒なのです。だから、ある程度の規模の団体や、ノウハウのある団体などでないと不動産は受け入れが難しい現実があります。

まずは団体に相談を

「それじゃあ、不動産は遺贈寄付できないの?」といわれれば、それは違います。

まずは、遺贈寄付をしたいと考えている対象団体に事前に相談してみましょう。その団体が不動産を受け入れているかどうかを確かめます。たとえ実績はなくても、条件によっては受け入れてくれる場合もありますし、一緒になって良い方法を考えてくれるかもしれません。ですから、なにはともあれ、まずは相談することです。

あとは、思い入れのある土地や建物で、どうしても不動産の形で活かしてほしいという希望があれば別ですが(どうしても不動産の形のままでと希望する場合、その不動産を活かせる活動をしている団体を探すことが大前提です)、換金して寄付する方法があります。

生きているうちに自身で売却して寄付という方法はもちろんありますが、自宅だとなかなか難しい選択です。生きている間はそこで暮らしているわけですから。そこで、自身の死後に遺言執行者に不動産を売却してもらい、その換価代金の一部または全部を遺贈するように「換価型遺言」を作成する方法があります。ただし、信託銀行などが遺言執行者の場合、不動産が売れないリスクがあるため、この方法に対応しないことがありますので注意が必要です。

不動産査定取次サービス

換金を前提とした場合、売れるか売れないかが大きなポイントなのです。そこで、遺贈寄付を広めようと弁護士や税理士、ＮＰＯ法人などが２０１６年に立ち上げた「全国レガシーギフト協会」は２０２０年７月、会員らを対象に「不動産査定取次サービス」を始めました。

「不動産を寄付したい」という相談を受けた会員のＮＰＯ法人などが、その土地の情報などの必要事項を協会に送ると､協会は提携している不動産会社（２０２０年３月末現在、三井不動産リアルティ株式会社のみが対応）に不動産情報を提供します。不動産会社は、

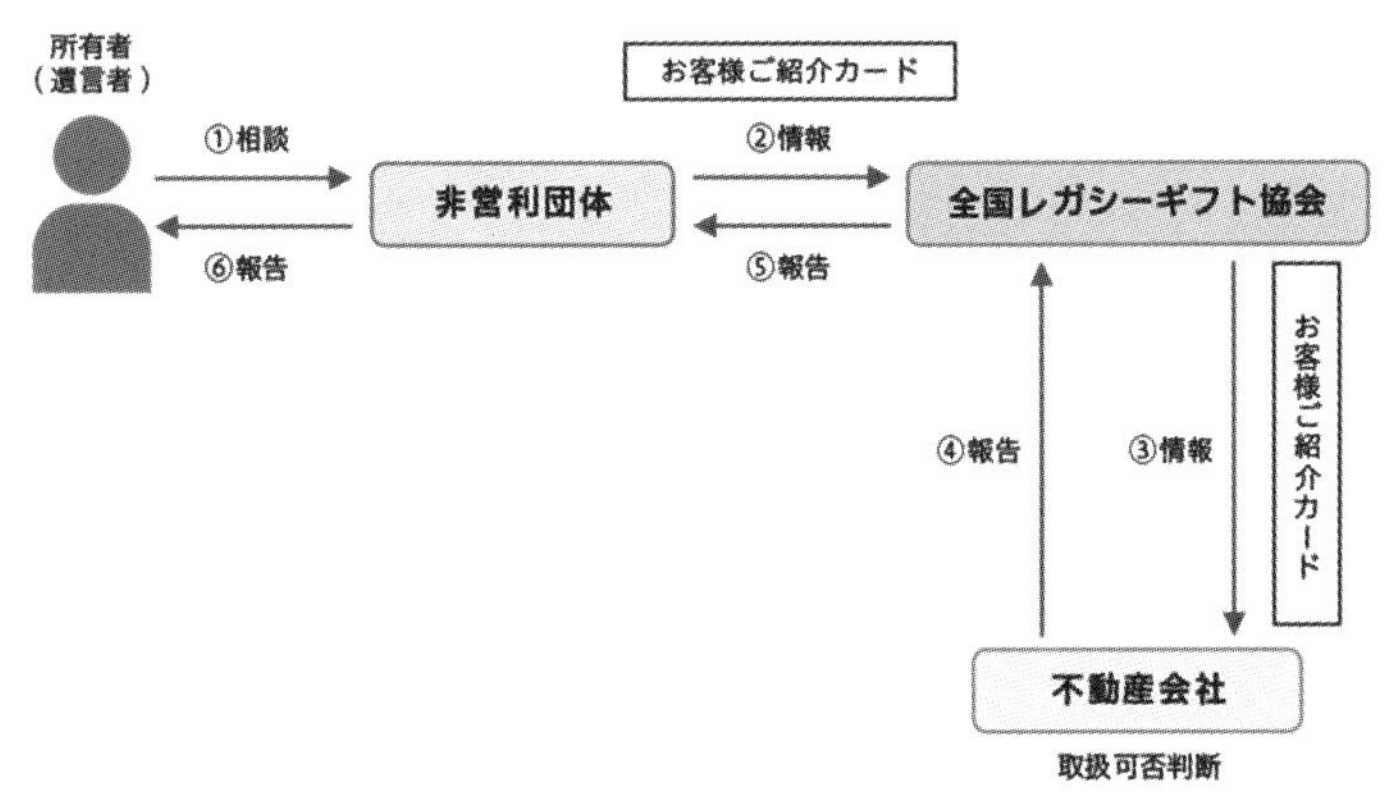

（「換価型遺言による寄付」の場合の流れ　レガシーギフト協会HPより）

その不動産を仲介物件として将来扱えるかどうかを判断するほか、ケースによっては査定額を協会に報告し、協会はNPO法人などにその結果を伝えます（本人の同意があれば協会ではなく直接、不動産所有者に報告する場合も）。このサービスの利用は無料。ただし、市街化調整区域や係争中の物件、原野などは対象外です。

「売れるか売れないか」の不安がこのサービスによって解消されれば、より多くのNPO法人などでも不動産を受け入れられるようになると期待されます。

4 相続土地国家帰属法

土地の相続と遺贈に関して、新しい法律が２０２１年４月に成立しました。遺贈寄付の際、贈り手側、受け手側双方の判断にも影響を与える可能性がありそうです。

民法・不動産登記法の改正と一緒に

新法は「相続等により取得した土地所有権の国庫への帰属に関する法律」。通称が「相続土地国庫帰属法」という、一見すると「土地が収用されてしまうの？」と勘違いしそうな、ちょっと厳つ（いか）い名称です。実はこれ、相続または遺贈によって取得した土地を手放して、国庫に帰属させることを可能とする法律です。

いま、所有者がわからない土地が増え続けていることが社会問題化しているのはご存知だと思います。地籍調査では所有者不明土地が全国の２割を超えています。その拡大を防ぐために、民法と不動産登記法の改正と一緒に今回の新法が成立しました。

ちなみに民法の改正は、所有者が不明の土地・建物の管理に特化した「所有者不明土地管理制度」を創設することが骨子です。また、遺産分割協議が長引くのを防ぐため、相続開始日から10年以内に家庭裁判所に対し調停ないし審判の申立てをしていない場合には、審判では原則として特別受益や寄与分を考慮せず法定相続分通りに分割することになります。

また、不動産登記法の改正は、相続人に土地の取得を知った日から3年以内の登記申請を義務付け、違反した場合には10万円以下の過料を科すという内容です。すべての土地所有者に対し、住所変更などがあれば2年以内の変更登記申請を求め、怠ればやはり5万円以下の過料を科されることになります。

10年分の管理費相当額で国庫に

肝心の相続土地国庫帰属法は、望まない相続によって土地が放置されるのを防ぐのが狙いです。建物がないことや、土壌汚染がなく、担保が設定されていない、境界争いがないなどの要件を満たして法務大臣の承認を受ければ、10年分の管理費相当額を納付のうえで、所有権を国庫に帰属させられるようにするのです。つまり、所有しているだけで税金など負担ばかりがかかり、使い道がないといった「負動産」を、国に「どうぞ使ってください」と手放すことができるようになるのです。

管理費相当額は用途や面積、周辺環境などに応じて政令で今後定めるとしていますが、国有地の標準的な10年分の管理費は原野で約20万円、宅地（２００平方メートル）で約80万円ですから、これが目安になると思われます。

ＮＰＯ法人などに遺贈したい場合は、「売れる」不動産だけを遺贈すればよく、残りは新法を使って国庫帰属にするという選択肢が生まれたことになります。少しかもしれませんが、不動産の遺贈がしやすくなるかもしれません。

第4章

遺贈寄付するということ

ここまで、遺贈寄付をするための前提として、法的なことや税金、仕組みなどを紹介してきました。そろそろ、具体的に遺贈寄付することを念頭に置いてみましょう。遺贈寄付することはあなたにとって、また社会にとっていったいどういう意味を持つのかを、あらためて考えながら進めます。まず、実際に遺贈寄付した方を紹介したいと思います。いわば、あなたの「先輩」です。

1 遺贈を決めた実例

まずは、これまでの生き方を振り返って遺贈すると決め、実際に遺言を作成した女性にお話をうかがいました。遺言に込めた思いとともに、遺贈に至るまでの足取りを紹介します。

夫の急逝後、2人の子どもを育てあげる

新藤聡子さん（仮名、60代）は、都内のマンションにお一人で暮らしています。遺贈を含む遺言を2020年に作成しました。「遺贈は小さな種ですが、いつか芽を出し、次につながっていくことで大きく広がり、もしかしたら山を動かすこともあるのではないか。そんな風に考えています」と新藤さんは語ります。

夫の仕事の関係で、若いころは海外生活が長かった新藤さんですが、40歳のとき夫が急逝します。いまなら過労死にあたるのではないか、と新藤さんは振り返ります。遺された3歳と10歳の子どもを一人で育てることになりました。

夫にはそれなりの遺産がありました。しかし、「命と引き換えのお金」と思うと、手を付ける気にはなれなかったといいます。英語教室を開き、奨学金を使うなどしながら2人を育て上げました。無理がたたってか、一時は原因不明の体調不良に見舞われました。「生活は本当に大変でした。大変でした」。新藤さんは、しぼるように「大変」という言葉を2度繰り返して話を続けます。

遺贈のイメージが変わる

体調不良のとき、医療に関心を持ったそうです。その中で、医療的ケアが必要な子どもとその家族の生活の大変さを知りました。そんな子どもたちを支援する、国立成育医療研究センター医療型短期入所施設「もみじの家」の活動に深く共感したといいます。

ただ、このころは、寄付はしても遺贈寄付という手段には思いが至りませんでした。遺贈をしようと思ったきっかけは、２０１７年に遺贈寄付のことを取り上げたＮＨＫの番組を観たことでした。

番組を観て、新藤さんは「遺贈って暗いイメージがあったけど、そんなことはない。自分の思いを未来に託すもので、明るいな」と感じます。「生活にお金は必要ですが、いつか生が終わるときがきます。握っているものを手放し、与えていかないといけない、と思うようになりました。夫の遺産に私自身が執着していることに気付いたのです」

そこで、信託銀行に相談に行きました。担当者は、親身に相談に乗ってくれましたが、寄付先の相談相手になってもらうには、ＮＰＯ法人に関する情報が少ないと感じました。そこで、新藤さんは日本財団遺贈寄付サポートセンターに連絡を取ります。遺贈寄付の相談窓口の一つです。

コロナ禍で感じた「いのち」のつながり

相談を通して人生を振り返る中、奨学金という形でお金を活かしてもらおうと考えるようになりました。一つの思い出があったからです。

英語教室で月謝の滞納が続く、父子家庭の子どもがいました。連絡すると、父親が月謝を持ってきました。聞けば、がんを患ったといいます。すまなそうに謝る姿に、新藤さんは心に痛みを感じました。子どもを遺して逝ってしまうかもしれないと思っている、父親の心の痛みです。他人事とは思えませんでした。その子は後日、教室を辞めました。奨学金という考えの背景にはこうした体験があるのです。

遺贈寄付先や、遺贈したお金の使い道について漠然と考えていたころ、コロナ禍が世界を覆います。辛い状況の中でも、生きようとする「いのち」のつながりみたいなものを新藤さんは感じたといいます。ますます、未来につながる「いのち」のために、自分でできることをしたいと強く思うようになりました。いつ自分の生が終わるかもしれないとの思いもあり、弁護士と頻繁にやり取りを重ね、自筆証書遺言を一気に書きあげました。子どもにある程度の財産を遺しつつ、遺贈もする内容です。

子どもたちに向けた付言事項はＡ４で７枚。夫との出会いから始まり、夫の死後、どのような苦労をして2人を育てたのか、いわば自分史を記したのです。そのうえで、なぜ遺贈するのか、自身の思いを説明したといいます。「お金も大切ですが、自分で汗水流して得たお金と親からもらったお金の重みは違うことを忘れず、眼には見えないものを大切にしてほしい。私が亡くなった後、いつか芽を出すだろう『思い』を託すので、その芽が育つのを見届ける人生を送ってほしい。子どもにはそんなことを伝えました」と新藤さんは話します。

取材後、新藤さんの娘さんからメールがありました。

〈母は父を亡くしてから苦労して私たちを育ててくれました。自分の楽しみよりも私たちの生活費と学費のために、節約節約で生きてきました。今回のことを聞いて、母が好きなようにできればいいと思っていました。この決断に父も喜んでいると思います〉

「思い」はすでに届いている。そう感じました。

2 相続財産から寄付した実例

次に、父親の相続財産から寄付した人の思いを紹介します。

「お父さん、やったね！」

タイ国境に近いラオス国内に２０１５年11月、建設された中学校があります。埼玉県行田市の社会保険労務士、井上文子さんが、父・田島清作さんからの相続財産１２００万円を公益財団法人「民際センター」に寄付して完成しました。

井上さんは「完成して２年後に訪問したら、父の名前が刻まれた校庭の看板の下が花壇になっていたんです。なんだかうれしくて、とても誇らしくて。たとえ遠くても、この同じ空の下に父の生きた証しがあり、人の役に立っている。『お父さん、やったね！』という気分なんです」と、うれしそうに話してくれます。

田島さんは１９２７年、７人きょうだいの次男として生まれました。家は貧しく、高等小学校を出て働いたそうです。戦後は魚の行商から財を成し、2006年に亡くなりました。遺産は井上さんら子ども3人で相続。そのとき井上さんの夫、一博さんが「自分たちで働いたお金で暮らしていくのが本当の自分たちの生活だから、遺産には手をつけたくない」と言ってくれたことが寄付行為への背中を押してくれました。

田島さんには口癖があったそうです。「たとえ泥棒でも、学力や勉強したことは盗めない。しっかり勉強しなさい」。その思いを考えれば、教育関係に活かしたい。そこで、井上さんが思いついたのは、以前から寄付をしていた民際センター。アジアの子どもたちの教育支援を1987年から継続している民際センターを通じ、学校建設を実現してもらうことにしました。

「なにより、私がとても幸せな気持ちになりました。私も遺産の半分ぐらいは子どもたちに、残りはどこかに寄付するように遺言を書きたいと思っています。父親のお金が社会の役に立てば、子どもたちにもきっと幸せが連鎖していくと思いますから」と井上さんは笑顔で話します。

経済的困難を抱える子どもたちを支援

次に紹介するのは、同じように父親の財産を寄付した女性です。寄付を受けたのは、公益社団法人「チャンス・フォー・チルドレン（ＣＦＣ）」。経済的に困難を抱える小学生から高校生を対象に、塾や習い事に使える「スタディクーポン」を提供する活動を２００９年から続けています。約１１００教室・事業所のクーポン取扱事業者から、自分で学びたい分野を選んで利用する仕組みです。これまでに延べ４５００人ほどの子どもたちにクーポンを提供してきました。

そんなＣＦＣに、亡くなった父親からの相続財産の一部50万円を寄付した兵庫県の60代女性は、「せっかくのお金はすべてを自分のために使うより、少しでも子どもたちの未来への道を広げる役に立てたほうがいい」と考えました。ＣＦＣの活動は以前から知っていたので選んだそうです。「父も喜んでくれる有効な使い方ができたと思っています」と女性は満足げに話してくれました。

香典返し代わりに寄付

最近、葬儀でいただいた香典をＮＰＯ法人などに寄付する人も増えています。「ご芳志の一部を故人の供養を兼ねて〇〇へ寄付させていただきました」など、香典返しの品の代わりに礼状をもらうケースもあります。これも故人を思っての寄付という点では、相続財産からの寄付と根は同じといえるかもしれません。

寄付は利他的な行為だと思われがちです。でも、寄付することで満足が得られる「自利」でもあります。相続財産寄付の場合、故人への供養にもなり、グリーフ（悲嘆）からの回復につながるかもしれません。故人を思い、社会や未来を思う。大切な人を喪ったせめてもの代償に、相続財産寄付という選択肢があることを知っていただければと思います。

3 遺贈寄付の現状

そもそも日本では年間、どれぐらいの遺贈寄付がなされているのでしょう？　相続財産

全体の規模は試算によって幅がありますが、年37兆～63兆円ほどとみられます。

認定ＮＰＯ法人「シーズ」が国税庁に開示請求したデータによると、２０１７年の公益法人などへの遺贈は49億円、相続人が遺産から寄付した額は約２８９億円でした（遺贈でなくても、一度相続人が相続した後に、その財産から寄付することも遺贈寄付ということはこれまで紹介した通りです）。税控除の対象ではない団体への寄付など、統計に反映されない寄付もあるので、これが遺贈寄付のすべてではありません。とはいえ、相続財産全体から見れば、まだまだ小規模なことは否定できません。

でも、将来はより多くの人が遺贈寄付をするようになると思われます。少し数字が続きますが、お付き合いください。

遺贈に前向きな人が約５割

認定ＮＰＯ法人「国境なき医師団日本」が１２００人を対象にしたインターネット調査（２０１８年実施）では、全体のうち、「ぜひ遺贈したい」（５・２％）と「遺贈したい」（９・４％）を合わせると、計14・６％が遺贈をしたいと考えており、「してもよい」という回答まで含めると約５割の人が遺贈に前向きでした。

遺贈寄付サポートセンターという相談窓口を2016年4月に開いた「日本財団」によると、センターへの問い合わせ件数は2016年度1442件だったものが、2019年度には1859件になりました。遺贈と相続財産からの寄付件数も2016年度の4件、計約4600万円から、2018年度には8件、計約1億8000万円に増えました。2019年度は大口の寄付があったこともあって、約4億5700万円でした。

もっと、はっきりと「動き」を見ている団体もあります。盲導犬の育成などをしている公益財団法人「日本盲導犬協会」です。遺贈寄付の性質上、毎年の額は変動が大きいため、協会では5年ごとに区切ってトレンドを分析しています。それを見ると、遺贈寄付への関心の高まり、実際の増え方は顕著です。協会によると、2001〜2005年度の遺贈（相続財産からの寄付を除く）は年平均額1億1000万円、年平均5・6件の遺贈がありました。同様に2006〜2010年度は1億3400万円で6・4件、2011〜2015年度は3億9500万円で14・5件、2016〜2020年度は5億5700万円で24・4件でした。急拡大しているのがわかります。

遺贈寄付しない理由は「今後の生活不安」

とはいえ、実際に行動を起こしている人の割合はまだ決して高いとはいえません。一般社団法人「日本承継寄付協会」が2020年8月、50代～70代の男女1000人を対象にインターネットでアンケートしました。「遺言作成による遺贈」と「遺言以外の信託などの方法」の2通りで実際の行動状況をたずねたところ、いずれも「すでに実践している」は約1％にとどまりました。

遺贈寄付を「考えたことがある」人にその理由も尋ねています。「何かしら社会貢献をしたいと思っているから」が57・6％と最も多く、「特定の支援したい団体などがあるから」(17・0％)、「相続すべき人がいないから」(14・0％) と続きます。やはり「社会のために」という思いが根底にあるようです。

一方、遺贈寄付を考えたことがない人にその理由をたずねたところ、最も多かったのは、「今後の生活費や医療費が不安だから」で、45・3％に上りました。その後は、「相続時に残る財産がないから」(35・3％)、「家族や親族に全て相続したいから」(34・2％)、「寄付はお金持ちがするイメージがあるから」(25・7％) という順になりました。遺贈寄付が実行されるのは亡くなった後です。このため、「今後の不安」が一番のネックになっている

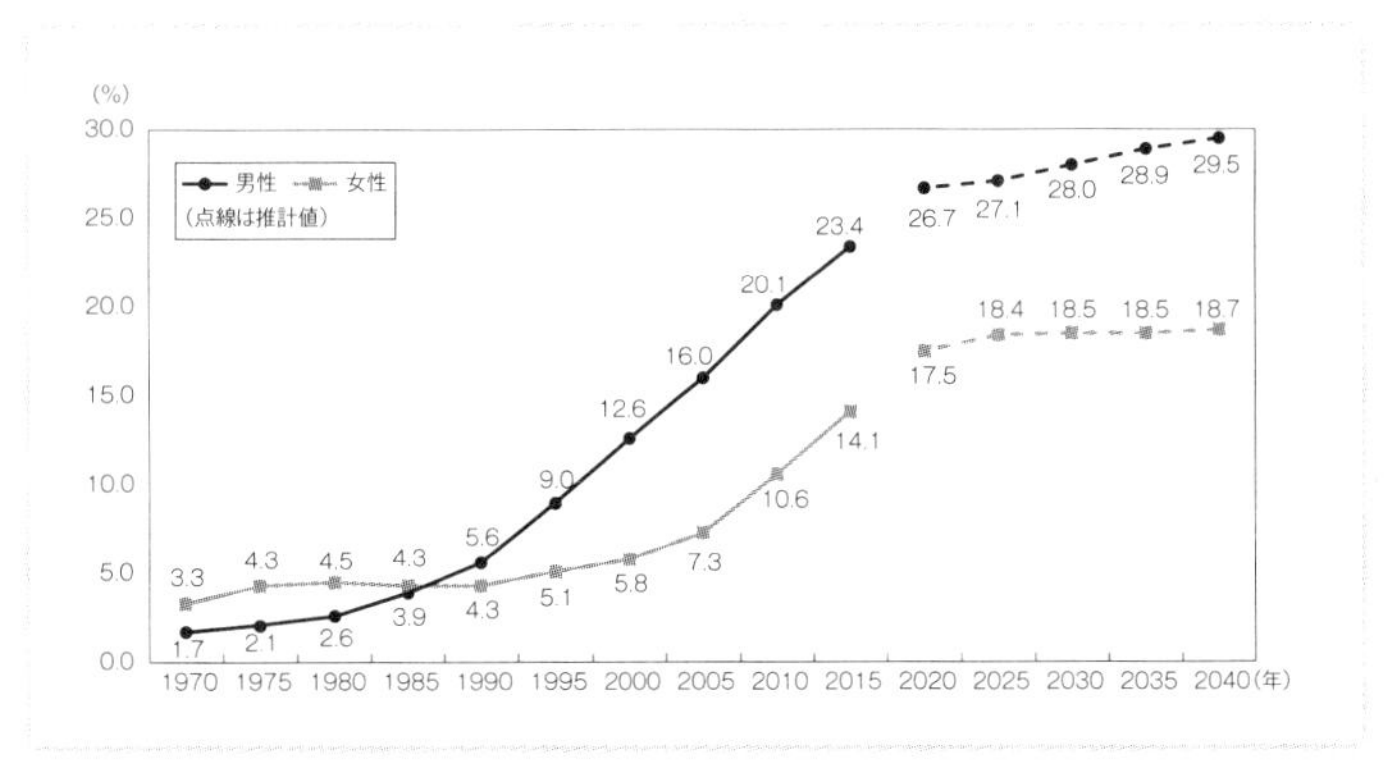

（生涯未婚率の推移と将来推計。内閣府「少子化社会対策白書」2020年版より）

のはちょっと意外ですが、老後の生活不安がそれだけ大きく、死後のことにまで気が回らないのだと考えられます。また、誰でも、いくらからでもできるということが、なかなか知られていないこともうかがえます。

将来は大きな流れに

遺贈寄付の現状は、わずかしか水が入っていないコップを見て、「これしかない」と思うか「まだこれだけ入る余地がある」とみるかです。私は将来の可能性が大きいと考えます。

そう言い切るのは、一つには社会の変化があるからです。急速な少子高齢化とともに、一人暮らし世帯が増え続けています。50歳までに一度も結婚しない割合（生涯未婚率）は現状、男性のほぼ

４人に１人、女性はほぼ６人に１人で、今後も増え続けることが予測されています。相続人がいない可能性のある人が増えていきます。

「国に納める」より

相続人がおらず遺言もない故人の財産は、ほとんどが国庫に納められます。その額は年々、増える傾向にあり２０１７年度は約５２５億円、２０１８年度は約６２７億円でした（産経新聞２０２１年２月４日朝刊）。２０１５年度は約４２０億円でしたから、その増え方が実感できるでしょう。「おひとりさま」の増加に伴い、「国に納めるよりも」と遺贈を考える人は増えると思われます。

もちろん、税金によって社会課題を解決することは大切ですし、大前提だと思います。しかし、税金の使われ方は公平性が大原則で、ある地域やある特定の問題をなんとかしたいと思っても難しいことがありますし、機動性にも欠けます。そもそも税金として納めた時点で、お金がどのように使われるか目に見える形ではわかりません。ある課題を目に見える形でなんとかしたいと思えば、ＮＰＯ法人や公益法人などに寄付し、その活動を通して解決するほうが適したケースはたくさんあるでしょう。

相続人がいない人の増加だけが遺贈寄付の未来を信じる根拠ではありません。寄付市場の広がりもあります。

4 コロナ禍ではっきりした寄付のチカラ

東日本大震災が寄付広がりの契機

一見、寄り道のようですが、ここで少し寄付の話をしましょう。寄付がない社会でいきなり遺贈寄付だけが増える道理はありません。人生の最後になって初めて寄付をするということは考えにくいでしょう。遺贈寄付の生みの親、土壌ともいえるのは、日常的に行われている寄付なのです。

日本では東日本大震災を機に寄付が広がりました。「寄付白書2017」（日本ファンドレイジング協会編）によると、2010年の個人寄付総額は4874億円でしたが、2016年は7756億円になっています。震災のあった2011年は1兆182億円と突出していますが、その後も「震災前」よりは多く、増え続けているのです。寄付が社会をよい方向に変えたり、困っている人を助けたりするチカラがあることを実感する人が増えたといっていいでしょう。コロナ禍では、そんな寄付に対する関心がさらに深まったと感じています。

実は、毎年12月に「寄付月間」というものが日本で開催されています。「欲しい未来へ、寄付を贈ろう」を合言葉に、歳末助け合いやクリスマスなど人を思いやることの多い12月にあわせ、寄付にもっと関心を寄せてもらおうと２０１５年から始まりました。

寄付に関係するさまざまなキャンペーン行事が開催されています。寄付月間は当初、ＮＰＯ法人や大学、企業など１２０団体、23の公認企画で始まりましたが、年々規模が大きくなりました。２０２０年はコロナ禍にもかかわらず６７９団体が「寄付月間推進委員会」(小宮山宏委員長）に参画し、１６２の公認企画がありました。年々活況を呈しているのです。

「選択的寄付」の広がり

当初から寄付月間の企画に関わり、寄付の動向を見続けてきた日本ファンドレイジング協会代表理事の鵜尾雅隆さんは「コロナ禍で選択的寄付が広がりました」と、コロナ禍で寄付の傾向に変化があったと言います。

特徴的なのは、対象分野が広がった点です。日本の「寄付元年」と呼ばれる多額の寄付があった東日本大震災では、被災地支援など震災に関係する分野への寄付が中心でした。2020年は、コロナ禍で影響を受けた社会的弱者や、医療や介護などのエッセンシャルワーカー、休業を余儀なくされた身近な飲食店などを支援するといった、これまでにない支援の流れが生まれたといいます。さまざまな分野が対象となり、自分で寄付対象を選択する動きが広がった、それが「選択的寄付」です。

中心になったのは、インターネットでテーマを決めて寄付を募るクラウドファンディングと若者でした。

クラウドファンディングの活況

クラウドファンディング最大手「READYFOR」のキュレーター事業部マネージャー、小谷なみさんによると、READYFORでコロナ関連寄付を募ったプロジェクトの平均寄付単価は一人あたり1万6120円で、前年までの平均約1万円を上回っています。マスクや医

療物資の支援、ひとり親家庭支援などに充てることを目的にした「拡大防止活動資金」には4月～7月の90日間で、2万人を超える人から約7億3000万円が寄せられました。日本のクラウドファンディング史上最高額です。そのほかにも5件のプロジェクトが1億円を超える寄付を集めました。

このうち1件は、家や仕事を失った人たちに支援付き住宅を提供しようというプロジェクトでした。従来、多額の寄付を集めるのがなかなか難しかった貧困支援分野で、これだけの支援が寄せられたのです。対象分野の広がりが感じられる一例でした。

「特別定額給付金の10万円を使って支援したいと考えた人が多かったこと。震災のボランティアのように自分で動くわけにもいかないコロナ禍で、困っている人をせめてお金で支援したいと考える人が多かったことが、クラウドファンディングでの支援が増えた背景だと思います」と小谷さんは分析します。

給付金の使い道に関する意識調査では、年代別で20代が最も寄付に前向きで、給付金以外の寄付でも20代が実際に最も寄付の回数が多いという結果がありました。

若者が積極的に支援に回る傾向がみられたのです。これまでは、年齢があがるほど寄付する傾向が強まっていたので、世代を超えた広がりも特徴です。

2020年は寄付の「ステップイヤー」

2011年が寄付元年の「ホップイヤー」だとすれば、2020年はクラウドファンディングの広がりで、対象も支援者も広がりを見せる「ステップイヤー」になったように思います。遺贈寄付を身近なものにしようとする世界的なキャンペーン「遺贈寄付ウィーク」も、2020年9月に日本で初めて開かれました。遺贈寄付に関しても、予想通りといっていいと思うのですが、多くの団体から「コロナ禍で問い合わせが増えている」という声が聞かれます。

生前に寄付をしたことがない人がいきなり遺贈をするのは難しいでしょうし、相続財産寄付にしても寄付というものがあることを前提にしなければ思いつきにくいでしょう。ですから寄付の広がりは、遺贈寄付への関心を高めると考えられています。コロナ禍での寄付の広がりが遺贈寄付への関心を高めているのは間違いないと思います。

さらに、コロナ禍で死が身近に感じられたこと、生活困窮など困っている人たちの存在が浮き彫りになった、可視化されたことも背景ではないでしょうか。自身の死を思い、遺産は社会のため、他者のためにと考える。そんな人が増えているのかもしれません。

渋沢栄一の精神

Column

２０２４年度に新たに1万円札の「顔」になるのが渋沢栄一です。『論語と算盤』などで、自分一人の利益ではなく社会のためという視点の大切さを説いた栄一の玄孫で、コモンズ投信株式会社会長の渋沢健さんは、栄一の精神を引き継ぎ、社会のためにお金を回すことの大切さを常々訴え、寄付の重要性を説いています。遺贈寄付はまさに「未来を信じる力」だといいます。お話をうかがいました。

寄付とは未来を信じる力

寄付とは「未来を信じる力」です。未来は不確実で、リスクだとよくいわれます。ですが、不確実性はプラスにもなるしマイナスにもなりえます。将来は決まっていません。現在の歩みで決まっていく。それが未来です。

私は投資信託会社を経営し、長期的な資産形成のお手伝いをしています。私たちの会社の存在意義は、単にお金を増やすのではなく、一人ひとりの見えない未来を信じる力だと思っています。次の時代を共につくっていくというスタンスです。社会が「こうなったらいい」という期待を持っているからこそ投資をするのだと考えています。

私は募金と寄付を使い分けています。募金は「いってらっしゃい、バイバイ」というお金の使い方です。寄付は寄付先とのキャッチボールがあります。お金が使われることで何かインパクトがあると感じれば、継続していく。寄付がどのように使われているかを、寄付を受けた側が示すことでキャッチボールは始まります。いわばポジティブな連鎖。そういう意味で、寄付は長期投資だと思います。自分に金銭的に還元があるわけではないですが、現在もしくは次の世代によりよい社会を残します。その期待に対して投資するのです。

能く集め、能く散ぜよ

子ども向けに、お金の使い方には4つの方法があると教えています。1番目

は、お菓子を買うなど自分のために使うこと。2番目は、ゲームなど高価なものを買うために貯金すること。ここまではすぐ理解してくれます。

3番目が寄付です。困っている人の姿を見せると子どもたちは悲しそうな顔をします。自分では何もしてあげられないと思うのです。でも、困っている人を助ける人たちのためにお金を使う、つまり寄付することで助けることができると知ると、パッと顔が明るくなります。自分のお金だけでは少なくても、家族や友達、みんなで一緒に寄付するともっといろいろなことができると言うとわかってくれます。渋沢栄一の言い方ですと、一人では大河にはなれなくても一滴のしずくにはなれます。そのしずくが集まれば大河になるのです。

ここまで話したうえで、投資という4番目の使い方を教えます。みんなが「この商品は便利。売ってくれてありがとう」と買うと、会社は「買ってくれてありがとう」。それで会社で働くお父さんやお母さんに「ありがとう」とお金を払える。そういういい会社を応援するために投資という方法があると話します。つまり、「ありがとう」の連鎖でお金を回していく。それが増えれば増えるほどお金の価値が高まるのです。渋沢栄一は「能(よ)く集め、能(よ)く散ぜよ」と言いましたが、こういうことだと思います。

MEとWE

1番目と2番目は自分のため、つまり「ME」のお金の使い方ですが、ほかは「WE」のための使い方。MEからWEに、さらにMEにまた還ってくる。今回のコロナ禍で自分や家族、MEの大切さはもちろんですが、WEがなければ、けっきょく自分たちMEも生きていけないことが強く意識されたと思います。社会がよくなってこそ、自分たちの生活もよくなることを再認識したのではないでしょうか。

遺贈寄付は亡くなった後に実行されますから、まさに見えない未来を信じる力が問われます。自分が死んだら世の中は終わりという考え方もあるでしょうが、思いや存在感はちゃんと残っていくという考え方もあります。家族や社会にバトンをつないでいく。見えづらいけれども可能性を信じる。それは将来へのワクワク感と言い換えてもいいと思います。遺産は自身が築いた生きた証です。それを社会に投資することで、自分の思いがつながり、形になっていく。それを想像してワクワクワクワクするのです。

どうしたらワクワク感を引き出せるでしょう。「現状はこうだけれども、寄付が集まることによってこういう社会が作れる」ということを提示するのが、NPOなど寄付を受ける側の役割だと思います。もちろん、約束はできません。投資も同じです。でも、目指す世界を提示することはできます。そこにワクワクしてもらえないだろうか、と。

与えると与えられる

よく利己と利他は真反対だといわれます。でも、利己に時間軸を通すと違います。子育てはある意味、利己的です。親にとれば子どもが一番大切。でも、子どもはいつか自立して社会に出ます。社会の一員となれば、まさに社会への貢献、利他になります。

「いま」しか考えなければ、利己でもOKかもしれません。でも、明日、1か月後、1年後と私たちには未来があります。いま手にしたものは失われるかもしれません。でも、与えると、与えられる可能性があります。利他が利己になるかもしれません。

幸福学を研究する慶應義塾大学の前野隆司先生によれば、長続きする幸せというのがあるそうです。長続きしない幸せとは、社会的地位やお金です。一瞬は幸せを感じますが、他者と比べてしまい長続きはしない。長続きする幸せとは、心の幸せだといいます。自己実現と成長です。

寄付することは、自己実現でもあるし成長でもあります。スキルや地位や才能など一切関係なく、誰でもできることです。遺贈寄付についていえば、遺産を子どもに遺したいと思うのは当然ですが、すべてを遺す必要はないと思うのです。遺贈によって、お金は世の中で循環させて働かせるものだと伝えることは、親として子どもに残す大切な最後の教育、メッセージではないでしょうか。

ストック型寄付が増えれば

日本社会の寄付には問題点があります。寄付はすぐに使われてなくなってしまうというイメージがあるのです。多くのＮＰＯも、あればあるだけ使い、残すことが悪だというような感覚を持っています。しかし、これからはストックをつくっていく必要があると思います。

アメリカには５％ルールというものがあります。公益のために基金の５％以上を使えば非営利の扱いを受け、税が優遇されます。ですから最大95％近くを資産運用に回すことができます。年５％以上の運用を行えば、論理的にはこの基金は永久に続きます。もし、自分が寄付した基金が永続的で、社会に還元し続けられるのであれば、生きていたのは１００年かもしれませんが、何百年も社会につながっていることができます。ワクワクしませんか。

個別のＮＰＯなどで難しければ、中間支援組織がこうした運用をしていくことを考えてもいいでしょう。民主主義社会ですから、本来、私たちが求めれば必要なものができるはずです。特にいまは「シルバー・デモクラシー」といわれます。高齢者の皆さんがもし声を上げて、こうした形で永続可能な基金が欲しいと声をあげれば、制度的にできるようになるはずなんです。ストック型の寄付が増えていけばいいと願っています。

5 遺贈寄付の意義

この章の最後に、私自身が考える遺贈寄付の意義、つまり「よいこと」とは何かをお示ししたいと思います。

「つながり」が核にある

「終活」はご存知ですよね？　自身の死に備えてお墓や葬儀の準備をしたり、終末期医療の方針を考えたりすることです。いま、一人暮らしの増加など家族の変化を背景に、「迷惑をかけたくない」と終活する人は少なくありません。でも、「迷惑をかけない」というちょっと後ろ向きの文脈ではなく、「自分が幸せな気持ちになりたい」「少しでも暮らしやすい社会にするために」と、前向きな終活もできます。その一つが遺贈寄付だと思っています。遺贈寄付は「つながり」が核にあるからです。

終活など死を意識するとき、人は人生を振り返ります。いろいろな場面で、多くの人たちに支えられて歩んできたはずです。ときには奨学金や寄付、輸血など見知らぬ他者に助けられたかもしれません。学校や会社、地域などの場で人と出会い、助け、助けられてきたことでしょう。多くの関係性、つながりの中に自分がいること、有形無形の無数の恩を受けてきたことにあらためて気付くのではないでしょうか。

縦の糸と横の糸

中島みゆきさんの『糸』はよく知られた名曲です。私はこの曲を「集活応援ソング」と解釈しています。「集活」とは私の造語で、「集まって話をしましょう、縁を集めましょう」という意味の言葉です。「つながり」を再認識することを意識化してほしいと願って「終活を意識したら集活を」と、さまざまな場面で呼びかけています（「集活ラボ」というサイトを運営していますので、よろしければご覧ください）。

『糸』のサビである「縦の糸」と「横の糸」の部分はまさに集活なのです。歌詞は、会うべき糸に出会うことが幸せであり、二人の出会いによって生み出されるものが、いつか誰かを暖めたり、傷を癒したりするかもしれないという内容です。とてもステキな歌ですよね。

私たちはコロナ禍で痛感したように、多様な関係に支えられて生きています。「私」には多様な「顔」があると言い換えてもいいでしょう。関係性の数だけ顔がある。親としての顔、大学時代の友人たちと向き合うときの顔、同好の趣味の人たちと会うときの顔……。いまを生きる人たちとの関係性、縁のすべてが自分というものを形成しています。この同時代を生きる人たちとの関係が横の糸です。

縦の糸は、時間軸上での「いのち」の連なりにおける自分という存在のことです。人は誰にも必ず両親がいて、その両親にもまた両親がいてと、いわば「ご先祖様」からの連なりの中に自分という存在があります。かつてこの世に生きていた人たちがつくりあげた末にあるこの世界で、仕事など何らかの役割を果たす存在としても、縦の糸に位置付けられます。過去を糸の上、未来を下のほうに伸びているものだとすれば、生きている間、私たちは糸の下の方向に休むことなく動き続けています。

自身の死後も、子どもがいれば次の時代、未来へと縦の糸が続くことはわかりやすいでしょうが、たとえ子どもがいなくても未来へと糸は続いていきます。それはたとえば、家業や技術伝承といった形かもしれませんし、仕事で残した何かかもしれません。横の糸の関係性の中で友人らに与えた何かがその友人らを通じて未来へ影響を与える可能性かもしれません。誰もが必ず何かを未来につなげていきます。

こうした、縦と横の糸が交わる結節点こそが「わたし」という存在です。特に、家族や友人のように自分と深い関係性のある人の存在は「太い横糸」。横の糸が細いものばかり、少なくなるのが無縁化や孤立です。だから「集活」が必要なのだ、という主張に続くのですが、要するに、人は関係性の中にしか生きられない、徹底した関係的存在だといっているわけです。無数の人たちの支えなしでは生きていけない自分という存在。「我思う、ゆえに我あり」ではなく「他者あり、ゆえに我あり」ではないでしょうか。縦にも横にも無数の「恩」を受けて生きています。

自分のためになる「恩返し」

遺贈寄付は、その恩に対する感謝の念を形にしたいと思ったときにとても意義ある手段です。「思い」をお金に託して次世代に活かしていくのです。縦の糸をはっきりと、つなげていく行為なのです。

「奨学金のおかげで勉強できたから、貧困で進学できない子どものために活かしてほしい」「自分には間に合わないけれど、難病治療法の研究開発に」「たまたま自分は日本に生まれて戦渦に巻き込まれることなく暮らせた。紛争で苦しむ人のためにお金を使ってほしい」――。次世代につながりながら、さまざまな課題の解決に役立つ、恩返し・恩送りの手段です。自分の生きた証が何か残る、人生最後の社会貢献なのです。

同時に、こうして人生を振り返り、次世代につながることは、間違いなく自分の人生を肯定することになるでしょう。人生という「物語」を、肯定的に描く一助になります。それが、死に向き合うときの心の支えの一つにもなるかもしれません。

人は他者の役に立つことで自身の幸せ感が高まることは、さまざまな調査結果が明らかにしています。人には、周囲の人と良い関係でありたいという「関係性欲求」、有能でありたい「有能性欲求」、自分のことは自分で決めたい「自律性欲求」があるといわれています。他者のために何かをして喜ばれることは、こうした欲求が満たされやすいのです。だから、この本の「はしがき」で記したように「一人称の幸せ」よりも、他者と共有する幸せのほうが、幸せ感が増すといえるでしょう。遺贈寄付はまさに自分のためでもあるのです。

お金を地域で循環させる

もちろん、社会課題の解決など、社会にとっても意義があることはいうまでもないでしょう。あるＮＰＯ法人の人が私に語った言葉があります。「遺贈寄付は金額の多い少ないに関係なく、いつもの寄付以上に背筋が伸びる思いがします。活動の意義を認めてもらった嬉しさと、思いを託された責任感です」。寄付を受ける側にとっても遺贈寄付の意義は大きく、「寄付者よし、受け手よし、社会よし」の「三方よし」です。

また、遺贈寄付には、地域のお金を地域で活かせる意味もあります。東京など大都市への人口集中が続き、相続人が都会に暮らしているケースが増えています。通常の相続では、地方から都会にお金が流れていってしまいます。生まれ育った地域の活動に遺贈寄付によってお金を活かせば、相続財産の大都市への集中が避けられます。いわば遺産の地産地消です。地域で働いて築いた財産で地域に恩返しができるのです。

同じように、平均寿命の延びによって、いま相続は主に高齢者から高齢者へとお金が流れ、生活不安もあってそこで滞留しがちです。その一部でも遺贈寄付で次世代のために使われる意味は大きいと考えます。

たとえ１％でもインパクト

先述の通り、人は多くのつながりの中にいて、一人では生きていけません。社会とは、一人ひとりの「私」がつながった「われわれ」という共感のうえに成り立っています。しかし、いま、さまざまな場面で「敵と味方」が形作られるようにして社会の分断が進み、「われわれ」の意識が断ち切られ、「私」が孤立しつつあります。つながりの中から生まれた「思い」が深く刻まれた遺贈寄付のお金には、「われわれ」をつなぐ、関係性をつむぎ直す力があると私は考えています。

主に遺贈を念頭に書きましたが、相続財産からの寄付も本質は同じです。亡くなった人の人生を思い、亡くなった人のためにお金を活かす。亡き人の供養であり、亡き人の思いを次世代、社会へとつなぎます。相続人にとっても満足度の高いお金の活かし方だと思います。

何十兆円もの遺産が毎年、生まれています。そのたとえ1%でも遺贈寄付に使われるとしたら、どれだけ大きなインパクトがあることでしょう。「1%でもいいんだ」と考えれば、ハードルもぐっと下がるのではないでしょうか。自分のため、社会のため、遺贈寄付はとても意義ある行為だと私は信じています。

第5章

寄付先を選ぶ

世の中には無数の社会課題があり、さまざまな取り組みをする団体があります。文化・芸術があるからこそ潤いある生活を過ごすことができます。遺贈寄付をしたいと思っても、「どこにしよう」と悩むこともあるでしょう。これから、いくつかの団体・活動を紹介し、「思い」がどのように活かされているのかを紹介していきます。もちろん「ここに寄付を」と推奨するわけではありませんが、参考にしていただければ幸いです。

その前提としてまず、自分なりにどのように寄付先をしぼったらいいのか、私が考える方法を参考までにお示ししておきます。

1 寄付先を選ぶ方法

遺贈寄付をしたい。そう思ったとき、寄付先をどう選べばいいのでしょうか。「定期的に寄付を続けてきた団体に」などと明確に決まっていれば別ですが、多くの人は「なんとなく、どこかにしたい」がスタート地点でしょう。

大切なのは人生の振り返り

まず大切なのは、人生を振り返ることです。
――自分はどんな人たちにお世話になってきたのか。
――何を大切な価値として生きてきたのか。
それが、遺贈先を選ぶ基本になります。遺族が相続財産から寄付する場合も同じです。
故人がどんな人生を歩み、何を大切にしてきたのかを考えるのです。

最初は思いつくままに箇条書きしてみましょう。
・ボランティア活動を続けてきた。
・子どもの笑顔を見るのが何よりも嬉しかった。
・地域の人や介護者のおかげで充実した暮らしができた。
・母校での学びや交友が生涯の支えだった。
・動物が大好きで、生きがいでもあった――。

相談窓口で考えを整理

何を願い、遺産を使って何をかなえてほしいと望んでいるのか。だんだん、はっきりしてくると思います。1人では難しいと感じたら、相談窓口を訪ね、話をしながら考えを整理する方法もあります。

代表的な相談窓口は「全国レガシーギフト協会」です。遺贈寄付に関する相談や信頼できる団体に関する情報提供ができるようにしたいと、弁護士や税理士、NPO法人などが集まって2016年に設立しました。レガシー（legacy）とは「遺産、遺贈財産」の意味です。現在、全国に16か所の相談窓口を有します。その中には公益財団法人「日本財団」が2016年4月に開いた「遺贈寄付サポートセンター」のように、年間2000件近くの相談を受けているところもあります。後でご紹介するように地域のことをよく知るコミュニティ財団も窓口になっています。

また、「寄付と遺贈の相談窓口」を2019年12月に開設した横浜市社会福祉協議会のように、遺贈寄付に力を入れる社会福祉協議会もあります。司法書士や税理士などの実務家は頼りになります。一般社団法人「日本承継寄付協会」（三浦美樹代表）では相談内容に応じて、そうした実務に詳しい専門家を紹介してくれます。

分野などがみえてきたら

子どもの健全育成やまちづくり、国際協力、文化・芸術、災害支援、環境保全など、寄付したい分野がおおよそ固まったら、寄付を活かしてほしい対象地域を考えます。海外、日本全国、都道府県、市町村などです。

次に、支援したい団体の規模を選びます。自治体など公共団体がいいのか、有名な団体がいいのか、小さいところを応援したいのか。寄付金控除の適用が受けられる公益法人や認定ＮＰＯ法人がいいのか、こだわりはないのか。この章で、実際の活動団体をいくつか紹介していますので参考にしてください。

信頼できる団体か

具体的な団体や活動が絞れてきたら、資料請求や疑問点について問い合わせます。遺贈寄付をしたいと明かす必要はありません。まず、信頼できる団体かどうかを見極めます。

私のお勧めの方法は、千円単位でもいいので試しに寄付してみることです。どんな対応をするかを確認します。お礼状が素早く届くでしょうか。寄付金の使い道はきちんと説明されているでしょうか。そのうえで、気になった団体には、できれば直接訪ねてください。応対はどうか、事務所の雰囲気はどうかを五感で確かめるのです。

私がこれまでに取材した人の中には、月に1度、ボランティアとして団体に通い様子を見て、「信頼できる」と判断したうえで、相続財産から寄付した人もいらっしゃいました。大切な思いを込めたお金ですから、それぐらい慎重な姿勢でもよいと思います。

自身での絞り込みが難しければ、寄付先の選定から使い道まで任せる方法もあります。NPO法人を支援する中間支援組織やコミュニティ財団などに託すのです。全国レガシーギフト協会に参加しているような団体です。

それでも、託すという方法を選ぶにせよ、最終的に判断し、決めるのはあなた自身です。先に記した以外でも、判断基準はなんでもかまわないと思います。知名度や決算情報の内容、ホームページやSNSの文章、口コミなどなど。最後はご自分を信じるしかないでしょう。無責任と思われるかもしれませんが、他人任せはありえないと思っています。

遺贈寄付で「物語を紡ぐ」

いずれにせよ、大切にしてきた価値観や思いこそが基本です。その価値観と遺贈寄付に

よって引き継がれる思いを、私は「物語を紡ぐ」と表現しています。私たちは誰もが無意識のうちに、自身の価値観で、日々、物事を判断し、行動しています。価値観をことさらに意識するのは、人生で大きな選択をする時でしょう。価値観を言葉にし、行動に意味付けをする。それが物語です。

人生最後の社会貢献である遺贈寄付の寄付先を選ぶ。それは大きな選択です。だから、物語を紡ぐのです。美しく、納得できる物語を一緒に紡いでくれる、信頼してもいいと自分が思える団体を選ぶことがとても大切です。

＜寄付先選びの流れ＞

＊人生の振り返り

- 思い出に残る場所
- 楽しかったこと、感激したこと
- 苦しかった時に支えてくれた人や言葉
- 大切にしてきた信条
- やり残したと感じること

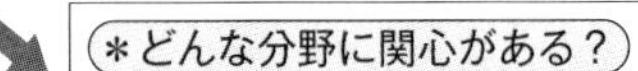

環境、教育、子育て、貧困、医療・福祉、平和、文化・芸術、国際協力、まちづくり、消費者問題、災害支援 etc.

＊活動地域は？

海外、日本全国、都道府県、市町村

＊団体の規模は？

有名な団体、小さな団体、こだわらない

＊税制控除は必要？

寄付金控除が受けられる団体、こだわらない

＊遺贈する財産はどのようなもの？

- 包括遺贈を受けてくれる団体
- 不動産や株式をそのまま受け入れる団体
- 換金後に現金で遺贈
- こだわらない

＊信頼できる団体か？

- 少額の寄付をしてみる
- 活動に参加する
- 相談窓口や中間支援団体を活用

＊方法は？

- 遺言作成して遺贈
- 相続人に依頼する
- 信託を使う
- 自分自身で財団や冠基金をつくる

『遺贈寄付ハンドブック改訂版』(2018年、全国レガシーギフト協会編)を参考

専門職の役割

Column

遺言を残す人の多くが弁護士や司法書士、税理士といった専門職にまず相談すると思います。遺贈寄付で専門家が果たす役割は大きいことは言うまでもありません。それを象徴するような事例が、全国レガシーギフト協会編『遺贈寄付ハンドブック　改訂版』（２０１８年、日本ファンドレイジング協会発行）で紹介されています。英国で２０１３年に政府などが行った調査の結果です。

弁護士が遺言の相談を受ける際、３つのパターンで対応しました。第1グループは、普通に相談を受けました。第2グループは、相談を受ける際、「あなたは遺言の中で、慈善団体にお金を残したいですか」と聞きます。第3グループはさらに一言「私たちのお客様の多くは慈善団体にお金を残します。あなたはどのような社会課題に関心がありますか」と聞きました。

この結果、遺言に遺贈寄付すると書いた人が、第1グループでは4・9％だったのに対し、第2グループは10・8％、第3グループでは15・4％にまで増えたそうです。専門職の対応が行動に大きな影響を与えていたのです。

とはいえ、専門職だからといって全員が遺贈寄付について詳しいかといえば、必ずしもそうではありません。誰でも安心して遺贈寄付ができる社会を目指し、専門職への啓発・教育と同時に、寄付先団体の情報収集などをする団体が2019年に発足しました。さきほど本文で触れた一般社団法人「日本承継寄付協会」です。相談を受け、必要に応じて弁護士や司法書士らを紹介していいます。代表理事で司法書士の三浦美樹さんに、活動についてうかがいました。

専門職のアドバイスで選択肢が広がる

日常的に相続業務に携わる専門職が、遺贈寄付という選択肢があることをクライアントに伝えてこなかった。それが日本で遺贈寄付があまり普及していなかった原因の一つだと責任を感じています。選択肢があることを一言アドバイスするだけで現状はまったく違っていたと思います。

遺言書作成をするのは、遺族がもめるのを避けるため、あの人にだけは渡したくないといった、ややネガティブな方向の場合が少なくなくありません。それが、遺贈寄付という手段があることをお伝えして遺言に活かすと、とても明るい顔をされ、喜ばれます。人のためにもなる、自分がやりたいことを積極的にするという満足感で、サポートした私たちにも感謝してくださいます。同じ仕事をするなら、世の中のためになり、クライアントにも喜んでもらえるほうが、私たち自身の生きがいにもなります。まずは専門職が遺贈寄付について知ることが大切だと考え、講演会やセミナー開催などを通して啓発活動をしています。

とはいえ、単に啓発活動をするだけでは足りません。遺贈寄付はご本人が亡くなってから実行しますから、寄付先へ仲介するメッセンジャーの役割も専門職は担います。一歩間違えば、身内の団体に寄付を誘導するような悪いことを考える人も出かねません。ですから、倫理教育や悪いことができないようにする仕組みづくりも大切です。安心安全な遺贈寄付を広めたいのです。

承継寄付診断士という制度

そこですでに始めているのが、承継寄付診断士という認定制度です。実務や寄付先の選び方などを学んでもらうことはもちろん、個別面談を実施して倫理面に関する誓約書を提出してもらうなどしています。いまは70人ほどを認定し、継続的に勉強会などを開いています。

相談を受けて、具体的な寄付先をアドバイスもしますが、多くの方は寄付したいという思いはあっても寄付先や分野については漠然としています。それを、たとえば「いまの職業に就かなかったら何になりたかったか」「どんなニュースに心を痛めたか」など、たくさんの質問と対話を繰り返すことで、本人の希望を明らかにし、絞り込むお手伝いをします。

寄付先候補をいくつか紹介することもあります。当然、寄付先の団体の信用力や将来にわたっての存続可能性なども見極める必要がありますから、現在、寄付先候補団体リストの作成も進めています。

いくらご本人がある団体に寄付したいと主張されても、たとえばその団体が不動産を受け入れていなかったり、そもそも規模が小さくてあまりに多額のお金を一度に受け取ることが活動に悪影響を与えてしまったり、将来にわたって存続するかが危ぶまれる場合もあります。相続業務でも、本人が望むままに遺言作成をすれば皆が丸く収まるとは限りません。同様に、遺贈寄付でもいくら本人が望んでも寄付が難しい場合があるのです。そこも含めてきちんとアドバイスし、できるだけご本人の希望に沿う遺贈寄付ができるようにしていきたい。場合によっては個人基金を創ったり、何人かの方で共同基金を創ったりして柔軟に対応し、「思い」を活かしていきたいと思います。

生きている間は思い切り使って

遺贈寄付に関する意識調査も実施していますが、誤解の一つに「お金持ちがするもの」があります。誰でも、いくらからでもできるということを知ってもらうことも大切だと考えます。フランス料理レストランばかりが食べる場所ではありません。誰でも気軽に立ち寄れる街の定食屋さんだってあります。私たちはそんな定食屋さんを増やしていきたいのです。たとえ少額でも気軽にできる。思いを活かせる。そのために寄り添うのが専門職の役割です。また、「生きている間のお金が心配だからできない」という誤解もありますが、「寄付するのは亡くなった後のこと。生きているうちは自分のために思い切って使って」とアドバイスしています。

紹介した専門職が遺言書作成などをする場合にはお金が必要ですが、協会への相談は無料です。気軽にご相談ください。将来的には東京以外にも活動拠点を広げ、日本全国で相談に応じられるようにできたらいいと思っています。

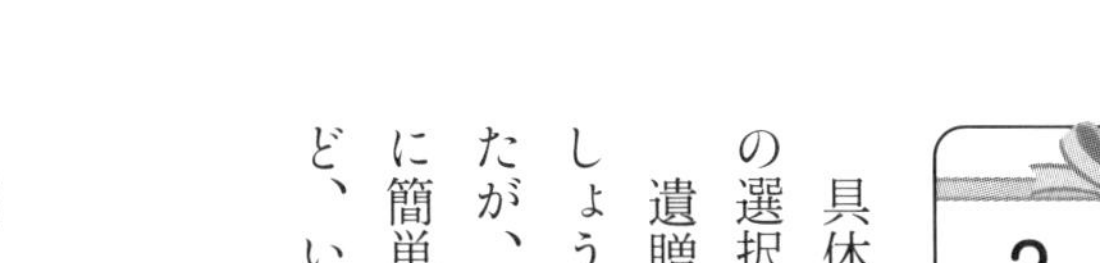

2 自治体に寄付する

具体的な活動や団体については後であらためて紹介しますが、「地域」という観点からの選択肢をまず紹介しておきます。

遺贈寄付先を考えるとき、故郷や思い出の地である自治体を思い浮かべる方も多いでしょう。遺贈しようと思っていた団体の実体がなくなってしまう懸念のことは先述しましたが、自治体はその心配がほぼありません。信頼できる対象です。信託を活用して、故郷に簡単に遺贈寄付ができる仕組みや、自治体が提携した銀行が手続きのお手伝いをするなど、いろいろなサポートも生まれています。

ふるさとレガシーギフト

朝日新聞の記事データベースで、地元に遺贈寄付した事例を探すとさまざまな記事が見つかります。

「兵庫県西宮市消防局は4年前、亡くなった70代男性から寄付された1億円で救助工作車を購入。男性は生前、救急搬送されて助かった経験があったという」(２０１６年９月30日・夕刊)

「放送作家・小説家、岸宏子さん（享年92）が残した自宅や著作権などが、伊賀市と市上野図書館に遺贈」（２０１５年３月21日・伊賀版）——。

記事になるのは金額が多い場合や著名人の場合が目立ちます。でも、もちろん金額の多寡にかかわらず、地元に遺贈寄付するケースは増えているとみられます。

奈良県生駒市が２０１９年４月から導入したのは、その名も「ふるさとレガシーギフト」。オリックス銀行と遺贈寄附推進機構株式会社が協力して開発した、自治体に遺贈寄付したい人のための仕組みです。

利用者は生前にオリックス銀行にお金を預け、亡くなった際にそれが寄付されます。１００万円単位で２０００万円まで預けられます。「遺言代用信託」の仕組みを使うため、遺言は不要です。相続税や手数料がかからず、生活資金が必要になった場合などには中途解約もできます。

教育や福祉、産業振興など6つの分野から使い道を選びますが、生駒市では市長が利用者に面談して「思い」を聞いたうえで使い道を決めています。２０１９年10月には第１号の利用者が１００万円を信託して地元メディアで大きく取り上げられました。利用者ではなく自治体が年間約５万円の利用登録料を払うことで利用できます。ほかの自治体も導入を検討しています。

岐阜県では地元地銀も

岐阜県では、地元に根付く地方銀行が同様の仕組みを導入しています。十六銀行が三井住友信託銀行と開発した「じゅうろく遺言代用信託〈想族あんしんしんたく〉」です。利用者は１００万円以上２００万円までの額を生前に預けて、亡くなった際に自治体に寄付されます。２０１９年10月に岐阜県、岐阜市、高山市の３自治体と始まった取り組みは、県内全42市町村のうち41市町村（２０２０年11月末現在）で導入されています。さらに社会福祉法人中部盲導犬協会や岐阜大学など対象を広げています。

また、千葉市は２０１８年12月、千葉銀行と遺贈に関する協定を結びました。市は、市に遺贈を希望する人がいれば千葉銀行を紹介します。銀行は遺言書の作成などについて相談に乗りながら手続きを進めます。初回の相談は無料です。同じように、三重県桑名市は県内外の3つの銀行と、遺贈を進めていく協定を2019年12月に結びました。

相続税は国税。地元にはいかない

いま、こうした遺贈寄付を積極的に受け入れるための態勢づくりが各地の自治体で進んでいます。というのも、相続税は国税で、地元の人が亡くなっても地方公共団体には遺贈寄付以外で相続財産が入ってくることはないという事情があるからです。自身の財産を地元に活かしたい、故郷に恩返ししたいと考えたら、一度自治体に相談してみてはいかがでしょうか。いろいろな支援が得られるかもしれません。

3 「地域」に活かしてもらう

自治体以外にも、生まれ育った場所や親の出身地など、自身に関係する「地域」にお金

を活かせるのも遺贈寄付の特徴の一つです。いわば遺産の「地産地消」ができるのです。いま、都市部への人口集中で子どもが東京などに出ているため、親の遺産もまた都市部で相続される「一極集中」状態が生じていますから、大切な選択肢だと思います。

コミュニティ財団

地域の人たちから寄付などで寄せられたお金を、地域で活動するさまざまな団体や個人に付与することで地域の課題を解決し、よりよい地域をつくっていく。そんな、地域でのお金の循環を支える活動の一つにコミュニティ財団があります。北海道や京都、兵庫、佐賀など各地で活動が展開しています。長野県の公益財団法人「長野みらい基金」もその一つです。

「私たちは地域の目利きでありたいと思っています。地域でどんな活動をしている団体があって、どんなことに困っているのか。それを一番よく知る存在です」と話すのは、「長野みらい基金」で活動資金を集めるファンドレイジングを担当する高橋潤さんです。遺贈などで寄付されるお金を寄付者の希望に一番沿う形で活かすためには、さまざまな地域活動の内容を知っているばかりでなく、その活動をしている団体が本当に信頼できるかなども見極める必要があります。さらに前提として、財団そのものが人々から信頼されて寄付を託される必要があるので、二重に責任を感じるといいます。

長野県でも相続財産の約25％が、相続時に東京など県外に出ています。遺贈寄付という方法があることが徐々に知られるようになって、「縁ある長野で遺産を活かしたい」という相談が増えているそうです。

一緒に使い道を考える

たとえば、東京都内の男性から相続時に相談がありました。亡くなった母親が長野県内の市の出身だったことから、母親が市内に持っていた土地を地域で活かしてもらえないかという内容でした。財団は市とも協議のうえ、市に土地を寄付してもらうことにしました。保育園に隣接する土地で、ちょうど園が駐車場スペースに困っていたことから活用しています。

県内でフリースクールをしているＮＰＯ法人に土地と家屋の寄付を仲介したこともありました。所有者の高齢夫婦が遺贈の相談を財団にした際、みなし譲渡課税の問題があるため、一度財団に寄付してもらい、無償に近い形でＮＰＯに貸し出す方法を考えました。結

局は、みなし譲渡課税が発生しない状態であることがわかり、直接ＮＰＯに寄付してもらうことになったそうです。そうした臨機応変の対応と提案も財団ならではかもしれません。

また、長野市の一人暮らしの女性からは遺言書作成の相談がありました。女性は視覚障がいがあり、当初は全国的な活動をする視覚障がい関連団体への寄付を考えていたそうです。相談のなかで県内にもさまざまな活動があることを知り、最終的には財団に遺産を託す内容の公正証書遺言を作成し、２０２１年４月に亡くなりました。財団が基金をつくって県内の団体向けに助成の公募をします。

団体の活動の先にいる対象者の姿や喜びの声を聞くことが、やりがいだと高橋さんは言います。遺贈寄付者にも同じように感じてほしいので、事前に相談を受ければ使い道を一緒に考え、一番喜びの声が想像できるような提案を心がけているといいます。

いま財団が運用している寄付を呼びかけるサイト「長野県みらいベース」には約３００団体が登録しています。福祉、まちづくり、中山間農漁業支援、文化・芸術、観光振興など活動分野は多岐にわたります。たとえ規模は小さくても、人々が日々を過ごす場所だからこそ地域をよくしたいという思いあふれる活動がたくさんあるのです。２０１３年に財団が活動を始めて以来、２０２０年度までに３７４件、計約６５００万円の助成をしてきました。こうした情報も遺贈寄付先を選ぶ参考になるはずです。関心のある地域でコミュニティ財団があれば、一度、相談してみてはいかがでしょう。

4　がん、医療分野に

ここからは、具体的な活動や団体を紹介していきます。まずは、生涯のうち２人に１人がかかる「がん」のほか、医療がテーマです。

①日本対がん協会

〈ピンクリボンなど展開〉

がんで苦しむ人、悲しむ人をなくしたい――。公益財団法人「日本対がん協会」（東京都中央区）は１９５８年から、がん予防・検診の推進、患者とその家族の支援などをしてきました。乳がん検診の大切さをアピールするために協会が中心となって毎年10月、各地で展開している「ピンクリボンフェスティバル」は見聞きしたことがあるかもしれません。ほかにも、無料の電話相談をほぼ毎日開いていたり、「がんサバイバーカフェ」で患者や家族の交流を進めたり。がん治療専門医を育成するため、医師に米国で1年間学んでもらう支援活動もしています。

〈専用パンフ作成〉

活動の基盤は、やはり寄付です。２０１９年度は約3億３４１４万円の寄付がありました。個人からの寄付は約23％を占めます。がん患者と家族を支援するため、患者や支援者らが交代で24時間歩き続けて寄付を募る「リレー・フォー・ライフ」は２０１９年度、全国48か所で開催し、６万１０５８人が参加、約６５８３万円が寄せられました。

協会への遺贈寄付に対する関心が近年、非常に強くなっているといいます。問い合わせの急増を受け、２０１８年にパンフレット「あなたから未来へ、希望の贈り物。遺贈寄付」を作成し、配布しています。協会の活動を紹介し、遺贈の注意点や遺言の作成事例、生命保険信託による寄付の方法などが紹介されています。

〈気持ち受け止め思い新たに〉

特定寄付担当マネジャーの岸田浩美さんに話をうかがいました。

遺贈寄付の額は100万円に満たない額から億単位まで幅広く、葬儀で寄せられた香典を寄付するケースも増えているそうです。岸田さんは「遺贈寄付されたご遺族に感謝状を届けに行った際、『ここで闘病していたんですよ』と部屋に案内され、胸が詰まる。そんなことがしばしばあります。しっかりとお気持ちを受け止め、活動に活かしていかなければと思いを新たにします」と話します。

乳がんで2020年に亡くなったある女性は、病床に友人の司法書士を招いて遺言を作成し、遺贈しました。「ほかの人にこんなつらい思いをさせたくない」と思いを語っていたそうです。また、妻をがんで亡くした男性が「検診を勧めてさえいれば、亡くならずに済んだかもしれない。後悔する人をなくしたい。きっと妻も喜んでくれると思います」と相続財産から寄付してくれました。

一人ひとりのそんな思いのこもった寄付に、岸田さんは「亡くなった方から、いつも応援していただいているようです」と感謝の言葉を口にします。

遺贈寄付した遺族には、希望があれば毎月、協会報を送るほか、年に1度、活動報告を

送っています。寄付者の名前を冠した基金をつくることや、支援したいと思う活動に使い道を指定することもできます。また、一部例外はありますが、不動産の遺贈も受けています。

②マギーズ東京

〈がん経験者や家族らが立ち寄れる場〉

がんを経験した人やその家族、友人、医療者などが不安や孤独を抱えたとき、ふらりと寄れる場。心地よいソファでくつろぎ、庭や目の前の海を眺めてお茶を飲む。時には看護師らスタッフに話を聴いてもらう。それが「マギーズ東京」（東京都江東区）です。

「お話をうかがい、ご自身がどうしたいのかという考えを整理して歩むためのお手伝いをしています。必死にはばたいてきた鳥が羽を休めて再び飛び立つ。ここはそんな、家でも病院でもない第三の居場所です」とセンター長の秋山正子さんは穏やかに話します。

２０１６年の開設以来、毎日20人ほど、延べ約2万５０００人が利用しています。6割ががん経験者本人と家族です。年間７０００万円ほどかかる運営費を支える柱は寄付。

2020年末までに3件の遺贈寄付がありました。

いずれもマギーズを利用したことはない女性でしたが、がんを患っていました。死後、弁護士らによって遺贈されたのです。亡くなるとき、マギーズにと遺言された方もいれば、「がん患者のために使ってほしい」と友人に寄付先を一任した結果、マギーズにという方もいました。コロナ禍でチャリティイベントが激減して収入が減ったいま、遺贈寄付などのおかげでなんとか事業継続ができているといいます。

「大切な遺産を託してくださるということは、必要な活動だと認めていただけたのだと思います。託された思いを大切に受け止め、活かしていきたい」と秋山さんは言います。

〈見失いがちな自分を取り戻せるように〉

マギーズキャンサーケアリングセンターは英国発祥の活動で、英国では遺贈寄付が資金の中でも大きな割合を占めているといいます。マギーズ東京も2020年10月、ホームページをリニューアルして遺贈と相続財産からの寄付を受けていることを明示し、受け入れ態勢を整えました。

日本人の2人に1人が生涯にがんになります。全国各地の病院などで相談支援を行う人を対象にサポート力を高めるための研修会も開いています。「がんで見失いそうな自分を取り戻せるように」との思いが活動を支えています。

③京都大学iPS細胞研究財団

〈iPS細胞の商用提供を担う「橋渡し」役〉

これまで治療が難しかった病気に対する「希望」の一つが「iPS細胞」です。京都大学iPS細胞研究所が研究開発を行っていることはよく知られていますが、2020年4月、研究所の一部が公益財団法人京都大学iPS細胞研究財団（山中伸弥理事長）として独立しました。一日も早く、良心的な価格で患者がiPS細胞による医療を受けられるよう、企業に「橋渡し」する活動をしています。

いくら研究所が細胞を開発しても、一般に普及しなければ元も子もありません。財団が費用を負担して企業に原材料となる細胞や基盤的な技術を安く提供すれば、ベンチャーも含め参入企業が増え、スピーディーにより安く必要な技術や再生医療製品の開発ができる可能性があります。研究所では、大学の制度上「橋渡し」実務を担う職員を安定して雇うことや、商用の細胞製造が難しいといった制約がありました。そこで、財団を設立したのです。

「もうすぐ終わる国からの大型プロジェクト予算があります。その後は寄付がとても重要です。年間10数億円の予算のうち6億円は寄付によって活動資金を確保したいと考えています」と財団社会連携室室長の渡邉文隆さんは言います。遺贈寄付もその一つです。

財団では、遺贈寄付のために生命保険と信託の活用を図ります。三井住友海上プライマリー生命保険と提携して2020年7月、保険金の受取人として公益団体を指定できる「社会貢献特約」の対象団体として財団が加わることになりました。

10月にはオリックス銀行と「かんたん相続信託〈iPS財団遺贈寄附特約〉」を始めました。金銭を信託して生前は運用益を得ますが、亡くなった後はその金銭を財団に寄付します。遺言を作成する必要がなく、中途解約もできる便利さがあります。

〈生きているうちに間に合わなくても〉

埼玉県に住む80代男性は、この信託を使ってiPS財団への遺贈寄付を申し込みました。きっかけは2019年に妻をがんで亡くしたことでした。男性は「私が生きているうちには間に合わなくても、将来、医療がもう少し発展すれば、がんで亡くなる人も減るかもしれない。少しでも世の中に役立ててほしい」との思いから、遺贈寄付の申込みを決めました。２人の子どもに遺贈寄付の意思を告げると、「親父が自分で決めたことなんだから、任せるよ」といって背中を押してくれました。

男性は現役時代には銀行で働き、定年後も社会福祉法人で障がいのある人の自立支援に関わっています。「あと何年生きるかわからないけれど、いくつになっても社会とつながっていたいという思いがあります。遺贈寄付を申し込んだことが、これからの余生を送るうえでの張り合いにもなりそうです」といいます。

ｉＰＳ財団にもすでに遺贈寄付に関する問い合わせがあるほか、毎月寄付金を寄せてくれる寄付者も２０２０年４月からすでに１０００人を超えているといいます。渡邉さんは「医療の技術開発に市民が寄付で参加する意義は大きいと思います。なんとなくサポートしたいと寄付を始めてくださった方に対して、興味を持ってより深く活動について知っていただけるよう努力したいと思います」と話しています。

5 国際援助

発展途上国を中心に、国際的な援助活動に力を入れる団体もたくさんあります。

① 国境なき医師団

〈世界の命を救うお金の使い方〉

紛争地帯や災害の被災地、難民キャンプなど「医療がない場所」で医療・人道援助活動をするのが、１９９９年にノーベル平和賞を受賞した国際ＮＧＯ「国境なき医師団」です。世界各地に38の事務局があり、約70の国と地域で活動しています。

日本にも「国境なき医師団日本（ＭＳＦ日本）」（東京都新宿区）があり、２０１９年の１年間にシリアなど34の国と地域に延べ１２４回の派遣をしました。その活動を支える年間の財源のうち、ＭＳＦ日本に寄せられた約１１３億円の96％が民間からの寄付金です。

遺産からの寄付については、2012年に約1億4000万円だったものが、いまは年に約10億円を超える規模にまで増えています。件数で見れば2019年は129件。件数では遺贈が3分の1、相続財産からの寄付が3分の2ですが、金額では8対2ほどになるといいます。

ファンドレイジング部シニア・オフィサーの荻野一信さんは2014年から遺贈寄付に携わってきました。「多くの方が遺贈寄付に興味を持たれるようになってきました。終活の一環としてご本人が問い合わせされるケースが増え、遺産の行方の選択肢の一つになったと感じます」と荻野さん。

活動を紹介して遺贈寄付を案内するガイドブックの表紙には「世界の命を救うお金の使い方」とあります。活動の性質上、遺贈寄付でも特定の国や地域など使い道の指定はできませんが、逆にいえば、間違いなく最もニーズがあるところに使われて「命」を救うといえるでしょう。

〈理事会で遺贈寄付者への祈り〉

毎月開かれる理事会では、遺贈寄付をした故人の名前を読み上げて冥福を祈り、感謝の意を表しているそうです。人が亡くなることが伴うお金だけに、荻野さんはその重さをきちんと受け止め、寄せられた信頼に応える必要を痛感するといいます。「民間企業で働いていたころは、売り上げが伸びれば嬉しいと感じました。でも、いまの仕事に就いてからは遺贈寄付額が増えたからといって単に嬉しいという感情ではなく、深い感謝の念を感じています」

遺贈の意思を示してくれた人には生前に直接、会うことも多いといいます。戦争体験を聞いたり、悩みに触れたり。さまざまな思い出があるそうです。ある60代の女性には病床で会い、活動などについてお話ししたところ、涙を流して喜んでくれました。そのわずか10日後に亡くなったそうです。そんな出会いと別れを受け止めています。

〈「認知度向上」のための意識調査〉

MSF日本では、日本の遺贈寄付全体の「認知度向上」をはかりたいと、意識調査をこれまでに4回実施して公表しています。参考までに2018年、20代から70代までの1200人を対象にした最新の調査結果を紹介します。

遺贈の認知度は40代から上昇をはじめ、70代では85・5％に達しました。遺贈の意向は年代によって大差はなく、約５割に遺贈の意向がありました。遺贈に前向きな人（６１６人）に、遺贈をする団体を選ぶ際にどのような条件を重視するかを聞いたところ、「営利目的でない（ＮＰＯ法人など）」（47・４％）や「資金の使い道が明確（透明性がある）」（41・４％）が目立ち、「活動内容に共感できる」（39・８％）や「公益性が公に認められている」（32・６％）、「活動内容が目に見える（インターネット上などで公開されている）」（31・２％）が続きました。ご自身で団体を選ぶ際の条件として参考になさってはいかがでしょう。

また、遺贈に前向きな人に、遺贈について不安に感じることを聞くと、「遺贈の方法（どのような手続きが必要か不安、など）」が50・２％で最も多く、次いで、「寄付する団体選び（詐欺にあわないか不安、など）」が47・６％、「寄付した遺産の使い道（どのようなことに役立てるかわからず不安、など）」が37・３％となりました。

こうした不安を払しょくしてくれる団体を選ぶことが、遺贈寄付をする際には特に大切なのだと思います。

②シャプラニール＝市民による海外協力の会

〈バングラデシュとネパールで活動〉

国際的な支援活動はさまざまですが、日本で始まった活動もあります。認定NPO法人「シャプラニール＝市民による海外協力の会」（東京都新宿区）は1972年に活動を始めた、日本における国際支援の草分け的団体の一つです。バングラデシュとネパールで児童労働削減に向けた取り組みや、教育支援、サイクロン・洪水防災事業、フェアトレードを通じた自立支援などを行っています。活動資金の約45％が寄付で支えられています。

遺贈寄付は年に1～2件と多くはありませんが、歴史のある団体らしく、活動を長年支えてくれた会員や寄付者とその家族から寄せられることが多いそうです。使途の指定がない場合は活動全般に活かしますが、これまでは「子どもたちのために使ってほしい」という声が多く、その場合は「子どもの夢基金」に充当しています。家事使用人として働く少女が勉強したり、遊んだりして子どもらしい時間を過ごすことができる支援センターなどに活用しています。

〈遺贈の意思で新たな活動展開〉

遺贈の意思によって、新たに活動分野を広げたこともありました。２０１０年に数千万円を遺贈してくれた男性は「バングラデシュ先住民のために」と要望していましたが、当時、シャプラニールは先住民に特化した活動をしていませんでした。そこで、他の団体と連携しながら活動を模索し、２０１２年に先住民族の子どもたちも多数派民族と同じように教育が受けられるようにするための「みんなの学校プロジェクト」を始め、現在も活動を継続しています。このプロジェクトでは、教育支援と同時に、先住民の独自の文化や言語に誇りを持って受け継ぐことができるような働きかけをすることにも力を入れています。これまでに１万人以上の人々が支援を受けています。

③　難民を助ける会

〈人道支援、地雷・不発弾の除去〉

認定ＮＰＯ法人難民を助ける会（AAR Japan／東京都品川区）は１９７９年に創設され

た日本生まれの国際ＮＧＯです。アジアやアフリカを中心とする難民への人道支援のほか、地雷や不発弾の除去などに取り組んできました。東日本大震災や西日本豪雨など国内の被災者支援にも携わり、現在は新型コロナウイルス対策支援を国内外で実施しています。

遺贈の事例として、自身の死後、自宅の売却代金と預貯金の全額を同会にと遺言して亡くなった80代女性がいました。生前は新聞を毎日欠かさず読み、ニュースに関心を持っていました。子どものいなかった女性は「世界の子どもたちのために、少しでも遺産を役立てて」と友人を通して会に伝えていました。経済的に不自由なく暮らしていたので「世の中に恩返しを」という気持ちもあったといいます。遺産は難民の子どもへの支援に使われました。

両親からの相続財産の一部を「シリア難民のために使って」と同会に寄付した60代男性もいました。社会問題に関心の高かった両親の思いを大切にしたかったといいます。「寄付の領収書を仏壇に供えて報告しました。両親も満足してくれていると思います」と男性は語っていたそうです。

２０２０年に、遺贈に関する知識や会の活動をまとめた遺贈寄付パンフレットをリニューアルするなど、同会ではこれまで以上に「まずは活動を広く知ってもらう」ことに力を入れています。「コロナ禍で、一人では生きられないと、支え合いに注目する人が増えたと感じます。寄付への関心の一環として遺贈寄付への関心も高まれば」と東京事務局広報・渉外担当の中坪央暁さんは話します。

6 子どもたちのために

① プラン・インターナショナル・ジャパン

公益団体の中には、子どもの支援に特化した活動を行っているところもたくさんあります。まずは、国際的な活動をしている団体を紹介します。遺贈寄付に積極的に力を入れていることでも知られます。

〈遺贈者の望んでいることは何でも実現してあげたい〉

いま多くの団体では、みなし譲渡課税などがあるために不動産の遺贈寄付に難色を示しますし、包括遺贈も債務などのリスクが高いとして受け入れないことがあります。そんな中、不動産も包括遺贈も受け入れると、パンフレットにも明記しているのが、公益財団法人「プラン・インターナショナル・ジャパン」（以下、プラン／東京都世田谷区）です。

「遺贈者の望んでいることは何でも実現してあげたい。大切な財産をいただく立場ですし、苦労を厭わず努力するのは当然だと思うのです」と遺贈寄付の担当者は明言します。

プランは、スペインで英国人ジャーナリストが戦災孤児を保護することから始まり、世界70か国以上の子どもたちを支援する国際的なＮＧＯです。日本では１９８３年に活動が始まり、途上国の子どもを支援しながら成長を見守る「フォスター・ペアレンツ」の募集などをしてきました。現在は特に女の子をさまざまなリスクから守り、生きる力を高められることを目指すプロジェクトに力を入れています。コロナ対策緊急支援の一環として、国内の女の子向けのチャット相談も実施しました。日本では約6万人の支援者がいます。

遺贈寄付は２０１９年度に約１６００万円、２０２０年度は約3億６９００万円といったように、当然ながら波はありますが、最近は毎年のように数千万円が寄せられています。半分以上が長年の支援者やその家族からだそうです。

〈娘の命が希望の水に〉

2020年6月に清算を終えた包括遺贈は、長年のサポーターだった女性からでした。現金や有価証券以外に古い家屋がありました。家屋は遺産分割協議が終わっていなかったため、女性の父親名義のままで土地は借地。関係者の同意を取り付けて更地にして地主に返還するなど、手続きは大変だったといいますし、費用も100万円以上かかりました。それでも、いただく財産と諸費用のプラスマイナスが1円でもプラスになるのであれば、遺贈者の「思い」を尊重しようというのが法人としての意思でした。

使途もできるだけ希望する形に添いたいと、オーダーメイドのプロジェクトにも力を入れています。34歳で亡くなった娘さんの退職金を寄付してカンボジアの7つの村に井戸を掘った母親がいました。生前は貧困問題に関心を持ち、「カンボジアの人のためにできることはないだろうか」と話していた娘さんの思いを活かしたいと、プランに相談しました。当初は学校建設を希望しましたが、予算が合わず井戸の設置をプラン側が提案して実現しました。

当初、母親は自分の自己満足ではないかと思ったそうですが、地元の人たちの喜びの言葉を読んで、どれだけきれいな水を待ち望んでいたかがわかり胸をなでおろしたといいます。母親は「娘の命が、たくさんの人たちの希望の水になりました。同時に私たち家族も生きる希望をいただいたと、感謝しています」とプランの会報誌に寄せています。

プランでは「徹底した情報開示」を掲げており、詳細な会計報告書、活動報告書などを公開しています。団体への信頼があってこその寄付だと考えているからです。特に遺贈寄付は人生最後の社会貢献だけに、こうした姿勢が多くの団体にも共有されることを私は願っています。

〈PLANレガシー1%クラブ〉

さらに2021年4月、プランは「PLANレガシー1%クラブ」を立ち上げました。「遺産の1%の寄付でも、子どもたちの未来を応援する力は大きい」というメッセージを込めて遺贈を提案しています。クラブに登録（無料）すると、プランが主催するセミナーの案内や、担当者による相談が受けられるというもの。もちろん、実際に1%の遺贈寄付が義務付けられるわけではありませんし、すぐに寄付を求められることもありません。プランにつながってもらいながら情報を集めて検討してもらえれば、という趣旨です。

②フローレンス

〈子どもをめぐるさまざまな問題を解決したい〉

いろいろな問題に直面し、悩んだり苦しんだりしている子どもがいることは、海外に限りません。日本国内の子どもたちが直面する課題に向き合う活動を紹介します。

いま、日本の子どもの7人に1人は貧困状態です。コロナ禍で虐待も増えています。以前なら助からなかった新生児の「いのち」が医療の進歩で救われていますが、それに伴って増えている医療的ケアが必要な児童の保育の担い手は足りていません。そんな子どもをめぐるさまざまな問題を解決したいと活動しているのが、認定NPO法人フローレンス（東京都千代田区）です。

保育園では預かってもらえない発熱した子どもを預かる病児保育や、定員19人以下の「小規模認可保育園」、医療的ケア児（障がい児）のための保育園や訪問保育など、フローレンスが「親子の笑顔を妨げる社会課題を何とかしたい」と活動を始めたことで広まったり、制度化したりしたものもあります。

活動の性格上、保育事業など事業収益が財源の中核ですが、2019年度の寄付額は

2億4000万円。主に新規事業の立ち上げなどに活かしているといいます。遺贈寄付は少しずつ増えているそうで、特定の分野に使ってほしいという要望にも可能な限り応えています。

たとえば、生前に寄付をしてくれていた男性が亡くなりました。妻が遺品を整理する中で「ひとり親家庭を支援したい」という亡夫の思いを知り、相続財産から「ひとり親家庭のために」と寄付をしました。多額の寄付だったこともあり、男性の命日前後に代表の駒崎弘樹氏が自宅を訪ね、活動内容の報告や意見交換をしています。

叔母の相続財産を継いだ女性は、産みの親と養親希望者双方を支援して特別養子縁組を推進する「赤ちゃん縁組」事業へ寄付しました。事業開始から1年半後のことです。もともと、この事業を始められたのは13000人以上から約3000万円の寄付が寄せられたおかげでした。女性はこのときの支援者の一人で、相続財産も活かしたいと考え寄付したそうです。

③ カタリバ

〈中高生の教育支援や居場所づくりに取り組む〉

中高生の教育支援や居場所づくりに取り組む、認定ＮＰＯ法人カタリバ（東京都杉並区）は、東日本大震災で被災した子どもたちの学習支援の場「コラボ・スクール」運営でよく知られています。いまも宮城県と岩手県、福島県で、子どもたちが学んでいます。最近は、困窮する子どもたちを支援するため、「居場所」づくりを進めるほか、オンライン学習に必要なパソコンなどを提供する事業にも力を入れています。

年約10億円の活動資金の６割が寄付です。これまでに遺贈寄付は50件ほどありました。

２０１８年、父親の相続財産から２００万円を寄付してくれた女性がいました。父親が亡くなったころ、震災から時間が経過してコラボ・スクールの活動資金が集まりにくくなったことを新聞で知りました。父親が福島出身で教育に関心があったこともあり、「コラボ・スクールに役立ててほしい」とのことでした。それまで、カタリバとは縁がなかったのですが、活動内容についてお話ししたところ、女性は困難を抱えた子どもたちへの支援活動に関心を持って２０１９年、２０２０年と2年続けて寄付してくれました。「コロナが落ち着いたらボランティアでお手伝いしたい」と話しているそうです。

「課題に気付いてもらうのはＮＰＯの大切な役割です。遺贈寄付をきっかけに活動にご理解をいただけてありがたい限りです」と広報・ファンドレイジング部の松本真理子さんは話します。

「コラボ・スクール」では大学生ボランティアが１か月以上、スタッフと共同生活しながら活動します。あるボランティア学生の父親が、自身の父親から相続した財産の一部１００万円を寄付してくれました。「家庭でカタリバの活動について話をしてくれ、評価いただいたのだと思います」と松本さん。社会人の息子が亡くなって、親がその遺産を活かせないかどうか、相談をしてきたこともあるそうです。一つひとつの寄付に詰まった「思い」を感じることが多いといいます。

④ あしなが育英会

〈遺児家庭を直撃したコロナ禍〉

一般財団法人「あしなが育英会」（東京都千代田区）の名前をご存知の方は多いと思い

ます。１９６3年以来続く「あしなが」運動は当初、交通事故による遺児を対象にした奨学金の貸与からスタート。その後、交通事故遺児以外にも対象を広げ、約11万人の遺児が会の奨学金を使って高校や大学などに進学しました。会の名称は、名前を明かさない男性の支援で大学まで進学した孤児院の少女の物語「あしながおじさん」に由来します。

２０１８年度からは無利子の貸与奨学金に上乗せする形で、返済不要の給付型奨学金を始めました。経済的困窮が広がる現状もあって、２０１７年に約４７００人だった奨学生はいま約７５００人に増えています。奨学金以外にも、遺児の心のケアのためのプログラム実施や、アフリカの49か国を対象に、遺児が世界各地の大学に留学できるよう支援するプロジェクトなども実施しています。

コロナ禍は遺児家庭の暮らしを直撃しています。会が、全奨学生と保護者を対象にした調査（２０２０年11月発表）では、経済的・精神的に追い詰められた姿が浮かび上がりました。大学奨学生の４人に１人が退学を検討。自由記述欄には「農家から出荷できない野菜を破棄する袋ごともらい、虫だらけ、溶けて腐ったレタスの中から、食べられる部分を探しながら涙が出た」（埼玉県・40代母）、「アルバイトがないので食費を削っている。土日は寮でご飯も出ないため、友人からもらったカンパンで空腹をごまかしている」（東京都・大学3年生）など悲痛な訴えが並びます。そこで、会は奨学金基金の一部を取り崩して、返還不要の支援金20万円を全奨学生に配りました（総額約15億円）。２０２０年４月にも15万円を支給しています（総額約10億円）。ますます活動資金が必要な状況ですが、人々の善意を信じているといいます。

〈活動原資はすべて寄付金〉

活動の原資はすべて寄付金なのです。活動に協力する学生たちによる「あしなが学生募金」は春と秋、全国の駅頭や街頭で行われて風物詩のようになっています。遺贈寄付も大きなウエイトを占め、ここ10年ほどで顕著に増えているといいます。

「信託銀行と協定を結んだり、士業の方に活動を知ってもらったりと、遺贈を増やす努力はしています。今後、遺贈にかかわるチームを拡充して、より多くのご相談に応じられるようにもしますが、なにより活動を知ってもらい、共感いただく方を増やすことが基本だと考えています」と遺贈担当者は言います。

現金に限らず不動産の遺贈も受けています。会のＨＰには遺言書の記載例も出ていますが、事前の相談を勧めています。「奨学金に」とか「心のケアに活用を」など使い道の指定もできます。

ただ、「あしながおじさん」が匿名だったように、支援者の名前は基本、表に出ることはありません。会は一般財団法人なので、認定ＮＰＯ法人などのように個人の寄付金が控除対象になることもありません。それでも年間寄付額は40～50億円にのぼり、継続して寄付している人は約２万３０００人。それだけ多くの寄付者がいるのは、やはり共感と、長年の活動への信頼があってこそだと感じます。元奨学生たちの「恩返し」寄付も少なくないといいます。

コロナ禍前の予測では、２０２５年度の奨学生は１万人近くにまで増え、年間72億円が奨学金として必要になるとみていました。コロナによってこの数字はさらに増える可能性が大きいといいます。

7 福祉

人と人とがお互いに助け合う、温かいふれあい社会をつくる――。共生社会の基盤を支える地道な活動を広く支援する団体や、障がい者福祉に寄与する活動もあります。

① さわやか福祉財団

〈感謝と遺志を引き継ぐため、寄付者の名前を冠する基金〉

公益財団法人「さわやか福祉財団」（東京都港区）は、元検事の堀田力さんが１９９１年に始めました。地域でのボランティア活動や「居場所」の普及推進、子どもからシニアまで年代を問わずに社会参加できるための環境づくり、そうした社会を実現するための政策提言など幅広い活動をしています。寄付金をベースに、全国で１０００を超える助け合い活動団体を設立してきました。コロナ禍で苦境に陥った人たちを支える助け合い活動を支援するために「地域助け合い基金」も立ち上げて寄付を呼びかけています。

財団は、遺贈寄付を「ふれあい遺贈基金」と名付けて活かしています。２０１９年度末の基金残高は約20億円。貸借対照表には基金の内訳として「伊藤春子基金」「松岡廣子基金」など寄付者ごとの名前を冠した基金が19並びます。これまでに約30の冠基金がありました。中には億を超える遺贈がある一方、50万円の遺贈もありますが、等しく名前を冠しています。もちろん、匿名にもできます。

「遺贈には感謝と『思い』を引き継がせていただくという気持ちを込めてお名前を冠し

ています。生前にご相談があればもちろん、亡くなった後に遺贈がわかった場合も、できるだけご本人の『思い』を汲み取って活用させていただいています」と理事長の清水肇子さんは説明します。

〈寄付者一人ひとりの人生の歩みや人となりを紹介〉

寄付者の一人ひとりには異なる人生があり、それぞれの思いがあります。ふれあい遺贈基金募集のパンフレットや財団の情報誌では、寄付者それぞれの人となりなどを紹介しています。とても大切なことをきちんと伝えようとする姿勢に、私は共感します。

たとえば「國吉眞惟・蓮子基金」は、〈幼い時に関東大震災に被災され、以後横浜の養父母に育てられました。戦後美容師の資格を取り川崎市で約25年にわたり美容室を経営。ご主人を長年看病され亡き後は趣味の墨絵を描かれ若々しく過ごされました。金融資産をご遺贈頂きました。基金はお二人の連名で作成を希望されました。〉とパンフレットに掲載されています。

情報誌からも紹介します。２００７年、72歳で亡くなった小村忠男さんは大工として長年働き、退職後は福祉団体でのボランティアやシルバー人材センターなどで地域活動を続けました。生活はつつましやかで、アパートで一人暮らしをしていたそうです。亡くなる10日前に病院で公正証書遺言を作成して、財団など5つの団体に総額約1300万円を遺贈。遺体は病院に献体しました。遺言執行を託された財団が「偲ぶ会」を開くと、生前に参加していたボランティア団体の人や、支援していた障がい者ら40人ほどが参加し、「一見固そうな顔も笑顔がやさしくてね」など、故人の話で和やかなひと時を過ごしたそうです。

〈「思恩忌」を毎年開く〉

また、財団は遺贈寄付者への感謝として毎年7月、東京のお盆時期に「思恩忌（しおんき）」を開いています。財団事務所の入り口スペースを使って故人の顔写真を飾り、その思いを無にしないよう、あらためて活動の原点を思い起こしているといいます。活動報告を兼ねて毎年開く「全国交流フォーラム」の場でもパンフレット同様、それぞれの冠基金を紹介するパネルを展示しています。

清水さんは「寄付というものは、もともと寄付者の『思い』を預からせていただくものです。ただ、特に遺贈の場合は、ご自分では私たちの活動を確認できない。私たちを全面的に信頼して託してくださったその『思い』と、その方の人生をしっかりと受け止める必要があると思っています。みんながいきいきと役割と出番を持ちながら、自分らしく輝いて暮らせる温かい社会をつくろうというのが私たちの目標です。こうした地域づくりは地道な働きかけや状況に応じた情報提供が繰り返し必要です。決して派手な活動ではありません。その事業や理念に共感してくださったご遺志こそが私たちの大きな財産です。故人と一緒に活動している気持ちを常に大切にしていたい」と話しています。

② 日本盲導犬協会

〈年間30〜50頭の盲導犬を育成し無償貸与〉

目が見えない、見えにくい人にとって大切なパートナーとなる盲導犬。その育成を手がけているのが公益財団法人「日本盲導犬協会」（横浜市）です。財源の約95％を寄付で賄っています。遺贈寄付はその大きな柱の一つで、このところ毎年、年間予算の３割前後を占めるほどです。多い年には実に４割を超える年もありました。

盲導犬を知ってもらうイベントや街頭募金といった年間１５００回ほどの普及活動、店舗レジに置いた犬型募金箱など、地道な寄付の呼びかけで活動が知られるようになったことが大きいと、東京事務所渉外部リーダーの横江湧真さんは言います。また、相続人がいないケースが増えているという社会的背景もあると指摘します。

盲導犬を必要としている人は日本に約3000人いますが、協会ではいま年間30〜50頭の育成が限界です。盲導犬1頭を育てるには時間がかかります。誕生した子犬を育て上げる訓練士の養成も必要で、一人前になるには5年以上かかるそうです。盲導犬の〝現役〟期間は約8年で、引退した盲導犬がいわば余生を送る施設も大切です。そんな長期的な事業展開が求められることから、遺贈寄付も個人名を冠にして何かを創るというのではなく、基金に入れて計画的に使う形をとっています。目が見えない、見えにくい人たちに無償で盲導犬を貸与できるのも、こうした基金があるからこそだといいます。

事前に相談があった場合、できるだけ訓練センターなどを実際に見てもらうようにしていると横江さんは言います。納得し、信頼してもらうことが大切だと考えるからです。ただ、最近は「遺言書に書かれていた」と、遺言執行者から突然連絡を受けるケースが多いそうで、「犬が好き」「視覚障がい者が身近にいる」といった縁で協会に寄付する人が多いようだと分析しています。

横江さんは、ある女性からの遺贈が印象深かったと言います。女性は自身も犬を飼い、辛い時期に犬によって心が癒され、助けられたそうです。お子さんもいましたが、人生最後に残ったお金の一部を社会に還元して役立ちたいと考えていました。実際に訓練センターなどを視察する中で、女性は引退した盲導犬が暮らす施設に感動しました。「犬の一生に責任持つことは大切」と共感し、遺贈を決めたそうです。

遺贈寄付先を考える際、自分の生活に関係した対象を候補にすると、選びやすいのではないでしょうか。

8 環境

地球環境問題は人類全体の喫緊の課題です。まさに「未来」の世代のためになる遺贈寄付が活きる分野でしょう。未来の世代から「ああ、祖先はどうしてあの頃ちゃんと動いてくれなかったのだろう」などと思われないようにしたいものです。

◎みどりの遺言プロジェクト

環境活動に特化した遺贈寄付の相談・支援制度があります。「みどりの遺言プロジェクト」といいます。環境保護に取り組む弁護士約450人が参加する一般社団法人JELF(Japan Environmental Lawyers Federation：日本環境法律家連盟)が2016年から実施している、遺贈寄付をサポートするためのプロジェクトです。

JELF代表の池田直樹弁護士は「遺贈をしたいと考えても、信用できる団体かどうかの見極めが難しいからと二の足を踏む。相続に関わる中でそんなケースを見てきました。一方、環境保護団体が活動を続けていくにはやはり資金が必要です。それなら、弁護士という客観的立場で団体に信用を供与することによって、両者を結ぶシステムがつくれないかと考えました」と、プロジェクトを始めた動機を説明します。

〈弁護士が信頼できる団体をリスト化〉

実際の手続きはまず、JELFが環境保護団体の事業・活動計画の意義や持続可能性、情報公開の度合い、予算状況などを審査したうえで、信頼できると判断した団体をリストアップします。現在、日本野鳥の会やFoE Japan、環境市民、トトロのふるさと基金など14団体（２０２１年６月末現在）を推薦しています。詳しくは「みどりの遺言プロジェクト」のＨＰ（http://jelf-justice.net/）をご参照ください。

遺贈希望者はリストの中から遺贈したい団体を選びます。そのうえで、遺言作成から亡くなった後の執行までをＪＥＬＦの弁護士が手伝います。相談は無料ですが、遺言書作成や執行などは実費がかかります。

〈最後に残るお金を自然保護活動に〉

遺言を作成したうちのお一人、60代の女性の方にお話をうかがいました。

女性は仕事を定年退職したのを機に、老後の準備を始めました。一人暮らしを続け、子どもはいません。葬儀業者とお墓は自分で選んで契約をして、財産に関しての遺言を作成することにしました。亡くなった後、住む家は甥や姪に譲る一方、最後に残るお金は自然保護活動に活かしてほしいと考えました。女性は植物が好きで、地元で長く自然保護活動に関わってきたのです。

女性はある植物園を訪ねたとき、寄付者の名前がベンチプレートに残されているのを見て、名前がこうした形で残せたら素敵だと感じたそうです。だからもし可能なら、遺贈でその植物園に名前が残せたらいいな、と考えました。

信託銀行と遺言信託の話を進めようとしていた矢先、たまたま「みどりの遺言」のことを知り、説明会に参加しました。「自然保護のために活動している弁護士さんに相談したほうが、自分のライフワークの締めくくりとして満足のいく選択ができそう」。そのように感じたそうです。

もともと会員として長く関わっていたこともあって、リストにあった日本自然保護協会とＷＷＦジャパンの2団体に遺贈することに決めました。ＷＷＦジャパンには「世界の植物の多様性の保護に関わる活動に使用されることを希望する」として、もし可能なら先述の植物園に役立ててほしいという文言も入れることにしました。公正証書遺言を作成したことで、女性は「肩の荷が下りた気がしています。後は残された人生を精いっぱい生きていくのみと思っています」と言います。

このプロジェクトのように、信頼できる団体選びや遺言作成をサポートする動きが広まれば、遺贈寄付のハードルはより低くなり、紹介した女性のように自分の「思い」を次世代につなげやすくなるでしょう。

9 文化・芸術

美術や音楽などの文化・芸術活動は、人の暮らしに欠かすことのできない大切な活動です。遺贈寄付の果たす役割が特に大きい分野でもあります。

① いわさきちひろ記念事業団

〈遺贈寄付でデジタル・アーカイブ事業〉

やわらかく儚(はかな)げでありながら生命力をたたえた、いわさきちひろの絵。ちひろは１９７４年に亡くなりましたが、作品はいまも多くの人に愛されています。ちひろの作品約９６００点のほか、世界の絵本画家の作品約１万７８００点を収蔵・展示する「ちひろ美術館」（東京都練馬区と長野県北安曇郡の２か所）を運営する公益財団法人「いわさきちひろ記念事業団」（山田洋次理事長）はいま、作品のデジタル・アーカイブ化を進めています。

デジタル・アーカイブによって生まれる高精細の複製作品を、海外での展覧会のほか、重い病気の子どもと家族を支える医療短期入所施設「もみじの家」（東京都世田谷区）をはじめとする各地の病院で常設展示し、ワークショップも開いています。コロナ禍でちひろ美術館も閉館を余儀なくされるなど大きな影響を受けましたが、こうした事業は継続しています。それは、遺贈寄付されたお金を通常の運営費と切り離してアーカイブ事業などに充てているからです。

「子どもたちやご家族もですが、多くの看護師さんが『癒される』ととても喜んでくれています。ワークショップでは子どもたちの笑顔がいっぱいです。ちひろは子どもの幸せのために絵を描き続けましたので、おかげさまで意義ある活動を続けることができていま す」と寄付担当の竹迫祐子さんは言います。

〈美術館自体も遺贈寄付のおかげ〉

実は、東京のちひろ美術館の庭には、ある女性からの遺贈への感謝を忘れないようにと、一本のライラックが植えられています。

２０１６年、一人の女性から遺贈が寄せられました。女性は時おり来館しては、カフェでしばらく庭を眺めていました。女性にはとても大切な時間で、「慰められ、励まされた」と遺言書に記されていたそうです。病気の父親を介護するなかでのひととき。父親を看取った後、自身もがんのため亡くなりました。

身寄りはなく、財産を遺贈するという司法書士からの突然の連絡に、竹迫さんたちは驚くと同時に、感謝の意を伝えることのできないもどかしさを感じました。せめてもと、女性が好きだったというライラックの苗木を１本、庭に植えることにしたのです。匿名を希望していたのでプレートもありませんが、毎年5月頃になると可憐な花をつけています。

「芸術や文化は不急かもしれませんが、不要ではありません。切羽詰まるほど見失ってしまう心の何かを思い出してもらい、希望につなげていく役割があります。美術館のような非日常の場は、人が困難を乗り越え、いろいろなものを創造していくうえでとても大切だと思っています」と竹迫さんは話します。

そもそも、ちひろ美術館自体も全遺作と著作権の一部などを遺族が寄贈してくれたことによってスタートしています。遺贈寄付のおかげでいまも私たちはちひろの作品に親しめるのです。少なからぬ美術館や文学館、博物館なども同じように、「後世の人のために」という思いが原点になっていることは忘れたくないと思います。

② 日本センチュリー交響楽団

〈家族でクラシック音楽を楽しめる場〉

音楽も人々の支えが不可欠な活動です。

毎年、夏休み最後の土、日曜日に大阪府豊中市「服部緑地野外音楽堂」で公益財団法人「日本センチュリー交響楽団」（同市）が開いている「星空ファミリーコンサート」。演奏会だけでなく指揮者体験やクイズコーナーなど家族でクラシック音楽を楽しめる場として1996年以来、多くの市民に親しまれています。この運営資金の一部に充てられているのが「西田房子記念基金」です。西田さんから2009年、楽団に遺贈された2億円を基金として運用して使っています。

阪神タイガースと楽団が大好きだったという西田さんは夫に先立たれ、子どももおらず、遺産を楽団と夫の母校に遺贈すると遺言を作成していました。晩年、施設暮らしをしていた西田さんのために、楽団員が施設に出向いて「六甲おろし」を演奏したこともあるそうです。そんな西田さんのお名前を残しながら、楽団が多くの人に支えられて活動していることを知ってほしいと考えた結果の活用方法だと、楽団長の望月正樹さんは説明します。

また、２０１２年に亡くなった三浦弘宇さんの遺族から寄付された15万７６６０円は、楽譜の購入代金として使いました。楽譜には三浦さんからの寄付で購入と明記しているのも、基金と同じ考えからです。

〈寄付の「見える化」〉

「音楽はもともとパトロンが支えていた歴史もあり、収益活動だけでは楽団はなかなか維持できません。多くの方々に支えられることで音楽活動を続け、発展させられます。私たちはもともと大阪府の楽団としてスタートした経緯もあって、社会貢献活動することも大切な役割と考える楽団員も多く、そこにも力を入れたい。そのためにも多くの支えを必要としていますので、寄付の『見える化』は大事なのです」と望月さんは言います。

コロナ禍で楽団の経営は厳しい状況ですが、病院や特別支援学校での出張コンサートなどを続けていきたいといいます。一定額以上の寄付を受けて楽団が作品をつくって演奏し、寄付者の名前を「パトロン」として音楽史に残す活動など、寄付募集に知恵を絞っています。

10 大学

遺贈寄付先として人気が高い団体の一つが大学です。青春を過ごし、その後の人生の基盤となった大学に、遺贈や相続財産を寄付して、まさに次世代育成に活かしてもらうのです。大学側も積極的に受け入れを始めています。

早稲田大学、年々増える寄付件数

このうち、早稲田大学は、大学への遺贈寄付を勧める専用パンフレットを２０１５年に作成しました。「久遠の理想を未来に託す。」と表紙にうたい、遺贈事例の紹介のほか、遺贈と相続財産寄付との違い、手続きの流れや遺言作成に関する案内などを10ページにわたり解説しています。同時に、寄付専用のＨＰの中でも遺贈寄付に関して、意義や手続きを説明しています。早大卒業生の弁護士らによる遺言などに関する動画も公開しています。

早大募金・社会連携企画担当課長の平野真さんは、次のように説明します。「年々、相談件数も実際の寄付件数も増えています。はっきりわかっているだけでも、１００件ほどの遺贈と相続財産寄付がこれまでにありました。特にコロナ禍になってから問い合わせが多くなっていると感じます。具体的に『今後』のことを考えて大学への寄付を検討される方が多くなったのでしょうか」。

早大は遺贈寄付の相談を受ければ、提携している金融機関や法律事務所を紹介するほか、場合によっては家事援助や見守りなど生活支援活動をしているＮＰＯ法人も紹介するなど、手厚くフォローしているようです。寄付額に応じて名誉称号を贈呈したり、寄付者の名前を冠した奨学金を創設したり、顕彰にも力を入れています。昨年度は約１億円の遺贈・相続財産寄付があったといいます。

平野さんは「学生時代は人生の中で貴重な時間です。一生の友人ができたり、自身を形成したり。寄付される方は、恩返しとして、若い人のために使ってほしいという思いが強いと感じます。大学への寄付は、実際に研究や教育によって世界を変える可能性もある、まさに次世代につながるものだと考えています」と話しています。

地元地銀と連携する大学も

もちろん、早大以外の大学も遺贈寄付の受け入れには力を入れ始めています。広島や新潟、茨城、高知、沖縄など、地銀が地元の大学と遺贈に関して提携する動きはここ数年、各地で広がっています。多くの大学のＨＰには遺贈寄付の案内が掲載されています。明治大学のＨＰでは、やはり母校への遺贈寄付の実例を紹介しながら、選択肢の一つとしての検討を呼びかけています。試しに、ご自身の母校のＨＰをご覧になってみてはいかがでしょう？

私が働いている立教大学も同様です。２０１９年は年に１度の「同窓会（ホームカミングデー）」会場で遺贈寄付に関するセミナーを初開催し、卒業生の司法書士らによる相談コーナーを設けました。専用のＨＰの立ち上げやパンフレット作成も予定しています。

「自分の生きた証を残したいという方が増えているだけに、遺贈寄付の受け入れは寄付の中でも重点活動の柱の一つです」と立教学院常任理事・杉山順一さんは言います。そのうえで、相続財産寄付の象徴的な例としてキャンパス内にある「太刀川記念館」という建物を挙げます。ソニー創設のメンバーである太刀川正三郎氏の遺族からの寄付で１９９０年にできた施設です。「これほど多額の寄付をすることは誰にでもできることではありませんが、学生のためにという思いは額によらず、どの寄付にも共通しています。その思いにきちんと応えられる大学でありたいとあらためて思います」と杉山さんは語ります。

次世代を育てる一助に

大学への遺贈や相続財産寄付した財産は、いずれも原則として相続税は非課税です（相続財産寄付の場合、被相続人が亡くなった翌日から10か月以内に税務署へ申告する必要があります）。大学では、使い道に関しての相談にも乗ってくれることが多いようです。研究や教育ばかりでなく、部活動やキャンパスの環境整備など、活かし方は多彩です。母校を通じて次世代を育てる一助になる。検討してみてはいかがでしょう。

第6章

財団・基金をつくる

相続した財産からNPO法人や公益法人などに寄付をするだけが社会貢献の選択肢ではありません。遺産を使って自分自身がしたいと思う活動を自分で始めることもできます。「え、そんなの無理」と引かないでください。300万円あれば一般財団法人を始められます。そこから多くの人の共感と支えを得て公益財団法人になれば、さらに活動の幅は広がります。ビル・ゲイツのような富豪でなくても、普通の家族や個人がつくる「ファミリー財団」はこれから増えていくはずです。

1 財団法人をつくる

ベースは両親の遺産

企業のCSR活動を支援する株式会社クレアン社長の薗田綾子さんは2017年2月、ご両親の遺産を基にして、一般財団法人「みらいRITA」(東京都港区)を立ち上げました。子どもたちが安心して暮らせる社会を実現するために社会・環境課題の解決に向け

て活動する団体に対して助成金を出す財団です。これまでにシングルマザーを支援する団体や子ども向けにさまざまなオンライン講座を開く団体などに助成したほか、コロナ禍では緊急支援も実施しています。

「両親が応援してくれていると感じています。特に母は喜んで、いつも一緒にいてくれるような気がします。活動を通じて、両親だけでなく多くの人が笑顔になるなら、こんなに嬉しいことはありません」と薗田さんは話します。

２０１９年８月には公益財団法人の認定を受けた財団のベースは、２０１４年に亡くなった母、芙美子さんと、２０１６年に亡くなった父、哲夫さんが遺した遺産２０００万円でした。芙美子さんは戦後まもなく、阪神甲子園球場近くに小さなお菓子屋さんを開いて忙しく働きながらも、常々「人のお役に立つことをしなさい」と口にし、エンディングノートにも「もっと社会貢献したかった」と綴るような人だったといいます。財団の名前「ＲＩＴＡ」は、芙美子さんの「利他」の思いを冠しています。

当初、薗田さんは弟さんとも相談して、遺産の一部を東北の被災地支援活動をする団体に寄付しようと考え、寄付先を探しました。しかし、納得できる団体がなく悩んでいた際、知人の税理士から「自分で財団をつくれば」とアドバイスを受けたのが財団設立のきっかけとなりました。「必要なのものがないのなら、自分でつくればいい」が、25歳で会社員を辞めて起業した薗田さんの考え方でもありました。

３００万円以上の拠出金、賛同メンバー

一般財団法人は３００万円以上の拠出金と活動の目的などを記した定款、理事会や評議員などいわば賛同メンバーを集めるといった条件さえクリアすれば、実は設立はさほど難しくはありません。薗田さんの思いに共感してくれる仲間も周囲にいたので設立は順調だったといいます。

「もちろんそれなりに資金集めは大変ですし、マンパワーが必要です。でも、自分でできない、苦手なことは専門家などサポートしてくれる人を見つければいいと思うのです。自分が『これをしたい』というパッションさえあれば、財団の活動はどのみち一人ではできませんから、共感してくれる人たちの『共助力』を頼みにすればいいのではないでしょうか」と薗田さんはアドバイスします。

通常、助成金申請には多くの書類が必要で労力がかかり、小さな団体には荷が重く申請を躊躇することもあります。「みらいＲＩＴＡ」では、申請書は紙１枚のみにして、面接で熱意をみて助成金を出すことにしました。本来の活動に傾注してもらいたいと考えたの

です。そうした思いに共感して寄付したり、ボランティアで支えたりしてくれる人たちもいて、財団の規模は大きくなって助成できる団体も増えています。

日本でも増えていくファミリー財団

財団ＨＰのトップには「遺贈寄付のご提案」と明示しています。薗田さんは「遺産を役立てたいと考える人はいると思いますが、何より、亡くなってからというのではなく、生きている間から一緒に世の中によいことをしてほしい、活動に伴走してもらいたいと考えて提案しています」と話しています。

ＮＰＯ法人「日本ファンドレイジング協会」代表理事長の鵜尾雅隆さんによれば、家族や個人が寄付や遺産などでつくる「ファミリー財団」が米国には約４万あり、全財団法人の半数以上を占めています。ファミリー財団の５分の３以上が資産規模１００万ドル（約１・１億円）未満と決して大きなものではないといいます。いま日本には助成金を出す財団が約２０００あります。富裕層の数からいっても、今後ファミリー財団的な、家族や個人の思いを活かした財団法人が日本で増えていく余地も可能性も十分にあると鵜尾さんはみています。

あなたの「実現したいこと」は何でしょう？　財団設立は一つの手段になるかもしれません。

2 オリジナル基金

前項で、自分で財団を立ち上げるという選択肢を紹介しました。でも、設立後の維持・運営の負担などを考えると、やはり二の足を踏む人は多いでしょう。そこで紹介したいのが、すでにある公益財団法人の下に独自に「基金」をつくる方法です。設立と運営をその公益財団に委ね、複数年にわたり助成金として活用してもらいます。自分でつくる財団が一戸建て住戸だとすれば、いわばマンション型ともいえるでしょう。

パブリックリソース財団

最低１００万円からと敷居が低く、たとえば遺産を使う場合なら亡くなった方の名前など希望する名を冠することもできる「オリジナル基金」創設に力を入れているのが、公益財団法人「パブリックリソース財団」（東京都中央区）です。同財団は、個人や企業のお金を社会的な活動につなぐ寄付推進の専門組織として２０１３年に公益法人の認定を受け、オンライン寄付サイトの運営や、いま取り組むべき社会課題をテーマとした基金を立ち上げるなどしています。

２０１６年にスタートしたオリジナル基金は、応援したい活動分野や地域など、寄付者の要望をききながら一緒に独自の支援プログラムをつくり、基金のテーマや方針に沿う個人や団体に助成金として交付します。また、希望すれば、寄付者の基金設立に寄せる思いや、どんな人生を歩んできたのかという「ライフヒストリー」をパンフレットやビデオにまとめられるのも大きな特色です。

助成先は基金ごとの専門委員会が公募

助成先は第三者の専門家による審査委員会を基金ごとに立ち上げ、公募で決めます。助成金は原則１件あたり、団体向けは最低50万円、個人向けは最低10万円からです。マンションには管理費が必要なように、基金の規模に応じて５～20％の運営費を財団に支払う必要はありますが、自分で財団法人を立ち上げて運営する費用を考えれば、決して高い負担ではないと思います。いまは低金利時代ですので、ほとんどの基金があらかじめ助成期間を決めた期間限定型ですが、規模が大きく、運用益で助成ができれば永続的に基金を続けていくことも可能です。

これまでに32のオリジナル基金（うち5つは企業による基金）が創設されました（2020年8月現在）。遺贈や相続財産からの寄付による「井上圭子メモリアル基金」「高山弘子基金」などもあります。

たとえば「NOBUKO基金」は、2019年2月18日に41歳で亡くなった河合伸子さんの遺産を原資として、お父様からの寄付で2021年につくられました。「未来があるにもかかわらず金銭的な理由で不合理な立場に立たされている子どもが多い」と心を痛めていた伸子さんの遺志に基づき、困難を抱える子どもや家庭に育つ子どもたちを支援することを目的にしています。「親にとっては子どもを失うことが一番の悲しみです。しかしこの『基金』が多くのこどもたちの将来を切り開く手助けとなれば、悲しみ以上の喜びとなると確信しています」と基金創設にあたってお父様は言葉を残しています。

海洋プラスチックゴミ問題に関連する環境保全活動などを支援する目的の「ビッグブリッジ基金」のように、ご存命の方が、将来自分が亡くなった後の遺贈先としてあらかじめ創設した基金もあります。オリジナル基金は、いろいろな希望に柔軟に対応できる仕組みといえます。

財団専務理事の岸本幸子さんは「お子さんがいないとか、身内を偲ぶためにといったご相談が増えています。私たちは大切な思いを活かし、寄付者と実際に支援を受ける側とをきちんとつなぐ役割をはたしていきます」と話しています。

なお、財団は遺贈寄付をスムーズにしてもらえるようにと「ゴールデンエイジの社会貢献を実現　ご寄付に関するガイドブック」を作成しています。財団のホームページからダウンロードすることができますので、参考にされてはいかがでしょう。

3　生きているうちに「恩送り基金」

「謝縁会」を開く

自身が生きてきた道のりを振り返り、縁のあった人たちに元気なうちに感謝する生前葬を開く。同時に、次世代のための基金を創設して、縁ある人たちに寄付を呼びかける場にする――。「謝縁会」と名付けられたパーティーが2019年6月30日、都内で開かれました。前項で紹介したパブリックリソース財団が提案する、新しい生前葬と寄付の形です。人生の集大成としての寄付を、生きているうちに個人基金を設立する形で行い、さらに友人らに協力を呼びかける点が謝縁会の大きな特色です。

謝縁会を主催したのは、この年に古希を迎えた横浜市の角方正幸（かくほう）さん。会場には角方さんの思い出の写真アルバムや著作、妻ののり子さんが学生時代に描いた油絵などが展示され、家族や仕事で縁のあった人、大学時代の同級生ら約150人が集まりました。そこここで角方さんを囲んだ歓談の輪ができ、記念撮影が行われ、謝恩会のような華やいだ雰囲気です。

リクルートや研究機関などに勤め、大学講師やパブリックリソース財団の理事などとして幅広く活躍する角方さんですが、61歳のときに食道がん、66歳のときに前立腺がんを患いました。手術はしたものの、医師から「余命5〜10年」と告げられます。自身の死を意識したとき、縁ある人たちに意識あるうちにしっかり感謝の言葉を伝えたいとの思いが募ったといいます。同時に、財団が掲げる「意志ある寄付で社会を変える」を自ら実践したいと考えました。

参加者から基金に寄付

角方さんは自身の財産から1000万円を財団に託し、オリジナル基金「角方基金」を創設することにしました。自身が仕事や地域活動で教育関係に関わってきたこともあって、若者の教育や人材育成のために活動する団体やNPOを支援するための基金としました。

この基金のお披露目と生前葬を結び付けることで、縁ある人たちからの支援も得られるのではないか、寄付の持つ可能性にも気付いてもらえるのではないか。縁に感謝する「謝縁会」の場で披露する基金を「恩送り基金」と名付け、新しい「共助の終活」として普及を図ることにしたといいます。

謝縁会の場で角方さんは自ら会の趣旨、基金を創設した意図を説明。そのうえで、参加者に基金への寄付や、各自の基金創設を呼び掛けました。この日だけでも半数近い参加者が「お祝い金」を持参し、約100万円が基金に充当されました。その後も、当日の参加者から基金へ寄付が寄せられています。

角方さんは「死んでからの遺贈寄付ではなく、元気なうちに思いを自ら伝え、お金を活かしたいと思いました。団塊世代の一人として、団塊世代向けにお金の使い方のモデルを提示できれば」と話します。これでもう葬儀はしない予定だといいます。

基金からは、フリースクールを運営するＮＰＯ法人「楠の木学園」や、子どもの貧困に向き合うさまざまな活動をしているＮＰＯ法人「Learning for All」に助成しています。

団塊世代の資産インパクト

１９４７年〜１９４９年の第一次ベビーブームに生まれ、戦後の日本社会を支えてきた団塊世代は、２０２５年にはすべてが後期高齢者となり、介護や医療を受ける側に回っていきます。それが「２０２５年問題」として社会保障制度の見直しなどの契機になるなど、この社会に大きなインパクトを与え続けている世代といえるでしょう。

駒村康平・慶應義塾大学経済学部教授の推計（２０１９年「長寿社会と金融老年学の可能性（後編）」『生活福祉研究』97号、明治安田生活福祉研究所）によると、家計金融資産総額のうち世帯主が75歳以上の世帯が保有する割合は２０２５年には29％になると推測されています。こうした資産の一部でも、寄付などで社会・公益活動に還元されるとすれば、大きなインパクトになるはずです。角方さんの謝縁会はそんな状況を背景として企画されました。

遺贈寄付とは少し違いますが、こうした選択肢があることを知っていただきたいと思い、紹介しました。

4 財団・基金どちらにも対応

財団設立にも魅力を感じるけど、基金のほうが手軽。寄付もいいなあ。どうしようか悩む――。そんな悩みにもワンストップで対応する仕組みがあります。

富裕層向けにワンストップ対応

社会のためにお金を活かしたいと思っても、寄付先を見付けにくかったり、税制などがわかりにくかったりといった悩みを持つ人は少なくありません。そんな悩みにワンストップで応えようと、主に富裕層を対象とした仕組みが発足したのです。寄付先の相談や財団法人をつくる手伝いなど、多様な社会貢献の方法をサポートします。遺贈寄付ももちろん対象です。「World Wealth Report 2020」によれば、１００万ドル（約1・1億円）以上の資産を持つ日本人は約３４０万人おり、米国の約５９０万人に次いで世界第2位の多さです。「篤志家」が活動しやすくなれば、社会のためのお金の流れが加速していくかもしれません。

社会貢献プログラムの設計

この仕組みには、財団法人やＮＰＯ、投資ファンドなど多くの国内外の団体が協力しています。総合窓口的な役割を担うのが、２０２０年末に設立された一般社団法人「ジャパン・フィランソロピック・アドバイザリー」（ＪＰＡ、鈴木栄代表理事）です。

相談者の「思い」を聞いたうえで、それを形にする一番ふさわしい方法を提案することを目指しています。財団の設計や設立支援を行うほか、投資ファンドの活用、ＮＰＯなど寄付先の紹介、基金設立といった「社会貢献プログラム」の設計をサポートするといいます。

たとえば、和太鼓好きな企業経営者が、邦楽ファンの減少や邦楽楽器メーカーの廃業などの現状を憂えて何かできないかと相談したケース。その経営者と一緒に業界構造などを検討した結果、「邦楽振興基金を設立し、学校に楽器提供や出張パフォーマンスのための資金を提供」「邦楽奏者向けの奨学金を出す公益財団の設立」「経営基盤が比較的安定して

いるメーカーに投資」などいくつかの案にたどりつき、経営者は社会貢献活動を実際に始めました。

実行する内容に応じて協力団体と連携したり、紹介したりします。相談者は、内容に応じて数十万円から数百万円までいわばコンサルティング料を負担する必要があります。代表理事の鈴木さんは「非営利型の社団法人ですので、人件費レベル程度の負担でご利用いただけます。寄付者が１００％満足できることを目標に活動を積み重ね、社会貢献の参加者を増やしたい」と意気込みます。

基金にも対応

応援したい分野や地域に対して複数年にわたって助成できる仕組みが基金です。自身で財団法人を立ち上げると一般的にはその後の運営負担が大きいなどの課題がありますが、そうした部分を基金運営の専門団体に委ねることも選択肢として仕組みの一環に組み込んでいます。

基金設立・運営を担うのが、２０２１年3月に公益法人認定を受けた財団法人「日本フィランソロピック財団」（岸本和久代表理事）です。「自分で財団法人を設立するのが一戸建てとすれば、この財団でつくる基金はマンション型、シェアハウス型のようなイメージです」と岸本さんは言います。

ある程度まとまった額の場合、寄付者の思いを活かして名称や分野・地域などをデザインした基金をつくることもできますし、「子供の貧困・教育」「文化・芸術振興」などあらかじめ財団が決めたテーマの基金に寄付する方法もあります。デザイン基金は、元本を運用して運用益で助成する永続型基金と、一定期間で使い切る期間型基金があります。いずれも運営費は必要です。永続型の場合、1億円までなら基金の2%、10億円以上分は0・5%などが毎年の運営費となります。

遺贈を希望する場合、信託銀行を通じて財団が遺言信託の対象となることで、基金として活かしていきます。すでに数件の相談が寄せられているといいます。

岸本さんは「これまでの寄付は主に、点と点を結ぶ線でした。これからは広く社会的リターンを求めるという、多様で広い面として寄付を広げていきたい」と話しています。

人によって関心は異なります。ですから、さまざまな人たちがファミリー財団や基金を生み出していけば、さまざまな地域や活動など、これまで以上に細かく目が行き届くようになるのではないでしょうか。それが、社会を豊かなものにしていくための、目立たないかもしれませんが、確実な道につながっていると私は考えます。

あとがき

「人は女に生まれるのではない、女になるのだ」の言葉で知られる、フランスの哲学者ボーヴォワールは著書『老い』で以下のような一文を残しているそうです（NHK　100分de名著　2021年7月「ボーヴォワール　老い」上野千鶴子、102～103頁）。

世のすべての人びとと同じように私は無限を想定することができないが、しかし有限性を受諾しない。私は、その中に自分の人生が刻み込まれているこの人類の冒険が無限に続くことを必要とする。私は若い人びとが好きだ。私は彼らのなかにわれわれの種［人類］が継続すること、そして人類がよりよい時代をもつことを望む。この希望がなければ、私がそれに向かって進んでいる老いは、私にはまったく耐えがたいものと思われるだろう。

老いや死は辛い。その辛いものにどう向き合うか。かつては天国や極楽、輪廻転生、「ご先祖様」になるといった、死後も続く何か、いわば「死後生」を信じる人が少なくありませんでした。しかし現在、ご自分の死後生を明確に信じる人はどれほどいるでしょう。ボーヴォワールも死後生を明確に否定します。そんな彼女が願ったのが「人類の冒険が無限に続く」という未来でした。それを「希望」として老いや死に向きあうというのです。

遺贈寄付とはまさにこの希望のためのものだと私は思います。家族や友人らの未来はもちろん大切ですが、より普遍的な人類の冒険のために、よりよい時代を実現するためにこそ、老いを含む自身の「生」を活かす。いわば「よき祖先」となる。その一環として自身の財産を活かす。本文中で紹介した「縦の糸」としての遺贈寄付とはまさにこの希望への架け橋です。それによって、希望を糧に、老いや死に向きあえるのではないでしょうか。ほかにも希望へのアプローチ方法はあるでしょうが、誰でもできるとても簡便な方法が遺贈寄付であることは、本書をお読みいただければうなずいていただけると思います。

人生100年時代といわれる超高齢化で、多くの人が老いや死に長く向き合わざるを得なくなっている一方で宗教的死生観が力を失っているいま、自身の死後も続く「未来」に思いをはせる。それはとても大切で意義あることだと考えます。

この本は、朝日新聞社のサイト「相続会議」で2020年1月から2021年8月まで筆者が連載した「思いを託す遺贈寄付」の記事などをベースに加筆修正したものです。相続会議編集長・森祐美さんには連載の機会をいただき、お世話になりました。記事を書き続けられたのは、取材に応じていただいた多くの方々がいらっしゃるからこそです。感謝申しあげます。また、法務や税務、信託などの専門家として齋藤弘道さん、脇坂誠也さん、樽本哲さんには折に触れ適切なアドバイスをいただきました。深く感謝します。日本法令の八木正尚さん、書籍化にご尽力いただきありがとうございました。山本ユミさんには素敵なカバーデザインをしてもらえました。

こうして振り返ると、この1冊ができるまでにも実に多くの人たちの「おかげさま」があるとあらためて感じます。たくさんのご恩を、少しでも多くの方に書籍の形で恩送りできればこれに勝る幸せはありません。この本を手に取っていただいたあなたにも、感謝申し上げます。ありがとうございます。

著者略歴
星野　哲（ほしの　さとし）

立教大学社会デザイン研究所研究員、ライター。元朝日新聞記者。終活関連全般、ライフエンディングに関する分野の取材、研究を続けている。2016年に独立。立教大学大学院兼任講師、世田谷区生涯大学講師。サイト「集活ラボ」運営。主著に『遺贈寄付　最期のお金の活かし方』（幻冬舎）、『「定年後」はお寺が居場所』（集英社新書）、『終活難民　あなたは誰に送ってもらえますか』（平凡社新書）ほか。

人生を輝かせるお金の使い方
遺贈寄付という選択　令和3年11月20日　初版発行

検印省略

〒101-0032
東京都千代田区岩本町1丁目2番19号
https://www.horei.co.jp/

著　者　星野　哲
発行者　青木健次
編集者　岩倉春光
印刷所　丸井工文社
製本所　国宝社

（営　業）TEL 03-6858-6967　Eメール syuppan@horei.co.jp
（通　販）TEL 03-6858-6966　Eメール book.order@horei.co.jp
（編　集）FAX 03-6858-6957　Eメール tankoubon@horei.co.jp

（バーチャルショップ）https://www.horei.co.jp/iec/
（お詫びと訂正）https://www.horei.co.jp/book/owabi.shtml
（書籍の追加情報）https://www.horei.co.jp/book/osirasebook.shtml

※万一、本書の内容に誤記等が判明した場合には、上記「お詫びと訂正」に最新情報を掲載しております。ホームページに掲載されていない内容につきましては、FAXまたはEメールで編集までお問合せください。

・乱丁、落丁本は直接弊社出版部へお送りくださればお取替えいたします。
・JCOPY〈出版者著作権管理機構 委託出版物〉
本書の無断複製は著作権法上での例外を除き禁じられています。複製される場合は、そのつど事前に、出版者著作権管理機構（電話03-5244-5088、FAX03-5244-5089、e-mail: info@jcopy.or.jp）の許諾を得てください。また、本書を代行業者等の第三者に依頼してスキャンやデジタル化することは、たとえ個人や家庭内での利用であっても一切認められておりません。

©S. Hoshino 2021. Printed in JAPAN
ISBN 978-4-539-72863-5